금강경
마음공부

불안과 두려움을 다스리고 초조하지 않게 사는 법

금강경 마음공부

1판 1쇄 2023년 4월 25일
1판 7쇄 2024년 7월 17일

지은이 페이융
옮긴이 허유영
펴낸이 유경민 노종한
책임편집 이현정
기획편집 유노북스 이현정 조혜진 권혜지 정현석 **유노라이프** 권순범 구혜진 **유노책주** 김세민 이지윤
기획마케팅 1팀 우현권 이상운 **2팀** 이선영 김승혜 최예은
디자인 남다희 홍진기 허정수
기획관리 차은영
펴낸곳 유노콘텐츠그룹 주식회사
법인등록번호 110111-8138128
주소 서울시 마포구 월드컵로20길 5, 4층
전화 02-323-7763 **팩스** 02-323-7764 **이메일** info@uknowbooks.com

ISBN 979-11-92300-58-0 (03220)

금강경 마음공부

◆

불안과 두려움을 다스리고
초조하지 않게 사는 법

◆

페이융 지음 | 허유영 옮김

유노
북스

인생은
금강경을 알기 전과 후로 나뉜다

한 경제학자가 경제학의 관점에서 금강경을 연구해서 금강경의 가르침대로 사는 것이야말로 최소 비용으로 최대 효과를 얻는 방법임을 깨달았다. 그리고 다음과 같은 흥미로운 결론을 내놓았다.

"경제학이 없어도 이 세상은 문제없이 잘 돌아갈 것이고, 금강경이 없어도 역시 이 세상은 앞으로 나아갈 것이다. 하지만 금강경이 없는 세상은 어지러운 혼돈 속에서 거칠게 덜컹거리며 움직일 것이다."

그렇다. 범위를 좁혀 한 개인을 가지고 생각해 보자. 금강경을 읽든 읽지 않든 이 세상에서 생로병사, 애증과 은원, 성패와 득실, 열정과 무료함을 모두 겪으며 하루하루 인생을 살아가는 것은 마찬가지일 것이다. 하지만 그 '삶' 속에 숨겨진 선율은 결코 같을 수 없다.

"금강경을 읽으면 돈을 더 많이 벌 수 있나요? 더 좋은 직장을 구할 수 있나요? 불치병을 고칠 수 있나요?"라고 묻는다면 "그럴 수 없다"라고 대답할 것이다.

돈을 더 많이 벌고 싶다면 금융이나 경제를 공부하고 돈 되는 사업을 해야 할 것이고, 더 좋은 직장을 구하고 싶다면 좋은 학벌이나 자격증을 준비해야 하며, 불치병을 고치려면 병원에 가서 명의를 만나거나 최고의 치료제를 찾아야 한다.

돈을 버는 일이 언제나 순탄할 수는 없다. 여러 가지 좌절과 장애물을 맞닥뜨려야 하며, 가까스로 성공했다고 해도 공허함과 무료함에 힘들어하다가 또다시 새로운 무언가를 얻고 싶은 욕망에 휩싸이기 마련이다. 마찬가지로 모든 병이 완치되는 것은 아니며, 어느 정도의 고통은 계속 안고 살아야 할 수도 있다. 어쩌면 죽음과 마주해야 할지도 모른다.

돈이 아무리 많아도 사랑을 살 수는 없고, 직업이 아무리 좋아도 일생 동안 평안할 수는 없으며, 아무리 훌륭한 치료제도 모든 번뇌와 고통을 치료할 수는 없으니 죽음 앞에서 저항하지 못할 수도 있다.

금강경은 어떻게 직장을 구할 것인가, 어떻게 먹고살 것인가를 알려 주지는 못한다. 하지만 대신 이런 질문에 대한 해답을 제시해 준다.

인생의 마지막에 관한 비밀은 무엇인가?
이 세상의 진정한 모습은 무엇인가?
만물은 어떤 법칙에 따라 운행하는가?
자신의 감정을 어떻게 다스려야 하는가?
어떻게 하면 가장 순수한 영혼으로 돌아갈 수 있는가?
갑자기 닥친 생사의 기로에서 어떻게 대처해야 하는가?

세속의 목표를 위해 열심히 노력하는 것은 당연한 일이다. 속세를 등지고 출가하지 않는 한 누구에게든 돈이 필요하고 집, 직장, 차 같은 것도 필요하다. 이런 것들은 노력하면 가질 수 있다.
하지만 그것들을 얻는 과정이 고난이 되거나 스스로 불안의 노예가 되어서는 안 된다. 그 과정을 고통스럽게 견디는 것이 아니라 행복하게 즐기고 일 속에서 즐거움을 찾을 수 있다면 살아 있는 매 순간 인생의 희열을 느낄 수 있을 것이다.

일을 하면서 인생의 희열을 느낄 수 있는 방법을 가르쳐 주는 책은 거의 없다. 대부분의 책은 지식을 가르쳐 사람을 똑똑하게 만드는 데 그 목적이 있다. 지혜를 가르쳐 사람을 행복하게 만들어 주는 책은 별로 없다. 그래서인지 세상에 똑똑한 사람은 많지만 지혜로운 사람은 찾기 힘들다.

똑똑하기보다는 지혜로워야 더 큰 그릇을 가질 수 있다. 똑똑한 사람은 성공에 집착하고, 이른바 성공을 거둔 뒤에도 성공에 도취되어 운명의 자욱한 안개 속에서 길을 잃고 초조해한다. 반면 지혜로운 사람은 성공에 집착하지 않고, 실패를 두려워하지 않으며, 성패에 연연함 없이 자기 마음이 원하는 대로 움직이기 때문에 안개를 떨쳐 내고 최종 목적지를 향해 흔들림 없이 나아간다.

금강경을 읽으려면 우선 마음을 비워야 한다. 기존에 가지고 있던 습관적인 생각과 선입견을 한쪽으로 밀어 버리고 탁 트인 마음을 가져야 한다. 그런 마음으로 읽어야만 금강경이 어떤 결론을 담고 있는 것이 아니라 일종의 계시이자 작은 깨우침을 전하고 있음을 발견할 수 있다. 그 깨우침이란 바로 자아를 해방시키고 모든 선입견을 떨쳐 내는 것이다.

금강경을 통해 돈 버는 법, 병을 고치는 법, 직장에서 성공하는 법을 배울 수는 없겠지만, 금강경을 읽고 그 가르침을 실천한다면 설령 심오한 뜻을 이해하지 못하고 표면적인 문자 해석에 그친다 해도 외부의 간섭을 받지 않고 평온함을 지키는 힘을 얻을 수 있다.

그 힘이 생활 속에 충만하면 아무것도 두렵지 않게 된다. 실패, 질병, 실직, 심지어 죽음도 두렵지 않고, 성공에 도취되어 길을 잃지도 않으며, 성공한 뒤 허무함을 느끼지도 않는다. 초조함, 두려움, 걱정을 떨쳐 내고 언제든 냉정한 이성과 예리한 통찰력을 유지한다면, 무엇을 하든 자신을 온전히 몰입시킬 수 있고, 어떤 결과가 있든 진정한 기쁨을 누릴 수 있다.

가지지 못했을 때는 가지고 싶고, 얻고 나면 지키고 싶은 것은 인간의 기본적인 욕망이다. 가지고 싶을 때 실패를 걱정하고, 지키고 싶을 때 잃을 것을 두려워하는 것은 인간의 기본적인 마음이다. 초조함이라는 인간의 가장 기본적인 심리를 어떻게 해결해야 할까?

이 질문에 대한 해답이 금강경에 분명하게 제시되어 있다. 바로 집착하지 않는 것이다. 모든 대상에 대해 더 이상 집착하지 않으면 외부의 그 어떤 것도 내게 위협이 되지 않고 불안, 걱정,

두려움을 주지 못한다. 아무것에도 집착하지 않으면 외부의 그 어떤 것도 나를 초조하게 하지 않는다. 진실한 모습을 그대로 받아들이고 자기 자신에게로 돌아가 창조의 활력을 충만하게 가질 수 있다. 더 이상 초조함에 고통받으며 살지 않고 자유와 창조 속에서 살 수 있다.

이 책의 마지막 책장을 덮을 때쯤 당신에게 커다란 깨달음이 시작될 것이다.

1장

열심히 밥 먹는 것부터 시작하라
지금 이 순간을 살기 위한 질문들

2장

하고 싶고 할 수 있는 것에 집중하라
흔들리는 마음을 다스리기 위한 질문들

18분 만에 이해하는 금강경

어떻게 모든 현상을 번개처럼 꿰뚫어 보고 마음이 다이아몬드처럼 단단해질까

금강경의 정식 제목은 《능단금강반야파라밀경(能斷金剛般若波羅蜜經)》이다. 불교에서 굉장히 중요한 경전이며, 불교학의 근본이 되는 교법을 담고 있다.

이 경전은 무슨 이야기를 하고 있을까?

금강(金剛, vajra)에는 두 가지 의미가 있다. 하나는 모든 것을 꿰뚫을 수 있는 빠르고 맹렬한 번개라는 뜻이고, 또 하나는 가장 단단한 암석인 다이아몬드라는 뜻이다. 한마디로 금강경은 온갖 번뇌가 찾아와도 빠른 번개가 내리꽂히듯 깨뜨려 날려 버릴 수 있으며, 그렇게 하고 나면 마음이 다이아몬드처럼 단단해져서 그 어떤 번뇌에도 흔들리지 않을 수 있다고 말한다.

그러면 어떻게 해야 번개처럼 단숨에 갖가지 현상의 진정한 모습을 꿰뚫어 볼 수 있을까? 어떻게 해야 단단한 다이아몬드처럼 어떤 사물과 관념에도 흔들리지 않을 수 있을까?

이 질문에 대해 금강경이 제시하는 해답은 "반야바라밀(般若波羅蜜)"이다. '바라밀'이란 '피안에 도달한다'는 뜻이고, '반야'란 '지혜'를 의미한다. '반야바라밀'이란 '피안에 도달하는 지혜'다. 즉 금강경은 피안에 도달하는 지혜를 통해 세상의 온갖 헛되고 망령된 것들을 없애고 최종적인 해탈을 얻어야 한다고 말한다.

금강경은 '반야바라밀', 즉 지혜에 관한 책이다. 왜 불교에서는 지혜라는 말을 놔두고 군이 '반야'라고 할까? 불교에서 말하는 지혜가 우리가 일반적으로 알고 있는 지혜와 다르기 때문이다.

우리가 보통 말하는 생활의 지혜는 불교의 관점에서 보면 그저 똑똑함이나 먹고살기 위한 수단일 뿐이다. 어떻게 하면 돈을 벌 수 있는지, 어떻게 하면 승진할 수 있는지 알려 주는 책들도 지혜를 알려 준다고 말하지만, 그것은 사실 지혜가 아니라 똑똑함이다.

불교에서 말하는 지혜란 세상의 모든 도리를 알고, 세상의 모든 것에 집착하지 않으며, 오로지 최고의 정신적인 경지만을 추구하는 것이다. 이 세상의 무언가에 연연하지 않으며, 오직 어떻게 피안에 도달할 수 있는가에만 관심을 가진다. 피안에 도달하는 법을 깨닫고 나면 잡다한 세상사는 근심할 가치도 없는 하찮은 것들임을 알게 될 것이다.

불경 가운데 반야에 대해 이야기하는 것을 반야경이라고 하는데, 당나라 때 현장이 반야경을 전부 모아 《대반야경(大般若經)》을 편역해 냈다. 《대반야경》은 600권에 달하는 방대한 양으로 16종의 경전이 수록되어 있다. 금강경은 그중 하나이며 아마도 최초의 반야경일 것이다.

석가모니는 네 곳에서 열린 16번의 설법을 통해 반야에 대해 모두 설명하였다. 첫 번째부터 여섯 번째와 열다섯 번째 설법은 왕사성의 영취봉에서 열렸고, 일곱 번째부터 아홉 번째 그리고 열한 번째부터 열네 번째까지는 사위국 기수급고독원에서 열렸다. 아홉 번째 설법 때 이야기한 것이 바로 금강경이다. 열 번째 설법이 열린 곳은 속세가 아니라 천궁이었고, 열여섯 번째 설법은 라자가하의 죽림정사였다.

싯다르타는 어떻게 세상을 깨닫고 부처가 되었을까

석가모니는 원래 왕자였다. 그는 기원전 약 565년 인도 카필라

성에서 태어났으며, 본명은 고타마 싯다르타이다. 석가모니는 사람들이 그를 불렀던 존칭으로 석가족의 현인이라는 뜻이다.

석가모니는 어릴 적 호화로운 궁전에서 사치스러운 생활을 하였다. 스무 살이 조금 안 되었을 무렵, 그에게는 이미 아름다운 아내와 귀여운 아들이 있었다. 큰 이변이 없는 한 부왕이 세상을 떠나면 그가 왕위를 물려받고 국왕이 될 것이었다. 그러나 석가모니는 몹시 예민하고 이 세상의 모든 현상에 대해 깊이 사색하였다. 특히 죽음과 질병은 그를 고뇌하게 하는 가장 큰 주제였다. 그는 이 세상에 살고 있는 한 고통을 피할 수 없다고 느끼고는 죽음, 번뇌, 사랑 등의 오묘한 비밀을 알고 싶었다.

마침내 그는 스물아홉 살이 되던 해에 왕위와 가족을 모두 버리고 왕궁을 떠나 진리 탐구의 길에 올랐다. 현자들을 찾아가 스승으로 모시고 가르침을 받았지만 금세 실망했고, 고행하며 마음을 수양했지만 역시 실망하고 진리를 발견하지 못하였다.

그렇게 6년 넘게 곳곳을 돌아다니며 진리를 찾아 헤매던 어느 날, 석가모니가 지친 몸을 이끌고 니연선하 기슭에 있는 필발라수 밑에서 묵상에 잠겼다. 꼼짝하지 않고 깊은 선정에 들어간 지 이레째 되던 날이었다. 별안간 별똥별 하나가 하늘을 가르며 떨어지는 순간 그가 문득 깨달음을 얻고 부처가 되었다. 부처 또는 불(佛)이란 '깨달은 자'라는 뜻이다. 이 필발라수를 그 후 보리수라고 불렀는데, '보리'라는 말이 바로 지혜를 의미한다. 그해 석가모니의 나이가 서른다섯 살이었다.

석가모니가 부처가 된 것은 신선이 된다는 것과는 다르다. 석가모니가 부처가 된 것은 이 세상의 도리를 깨닫고 해탈했음을 의미한다. 석가모니는 보리수 밑에서 선정한 뒤 4체(諦)를 깨달았다. 4체란 네 가지 진리라는 뜻이다.

첫 번째 고체(苦諦)는 세상의 모든 행위가 고통을 일으킨다는 진리이고, 두 번째 집체(集諦)는 우리가 고통스러운 것은 어리석은 욕망 때문이라는 진리이다. 세 번째 멸체(滅諦)는 고통을 없애는 유일한 방법은 열반이라는 진리이다. 여기에서 열반이란 보통 우리가 말하는 죽음이 아닌 '적정(寂靜)', 즉 몸과 마음이 고요함을 의미한다. 어째서 적정일까? 번뇌와 탐욕, 어리석음이 없으니 더 이상 인간 세상으로 윤회해 또다시 고통받지 않아도 되기 때문이다. 네 번째 도체(道諦)는 옳은 관념과 행동을 통해서만 열반에 다다를 수 있다는 진리이다.

부처가 된 석가모니는 설법하기에 적당한 녹야원으로 갔다. 거기에서 예전에 그와 함께 출가한 시종 다섯 명을 만나 그들에게 4체에 대해 이야기해 주었는데, 각기 다른 세 가지 관점에서 세 차례 이야기했기 때문에 이를 삼전법륜이라고 부른다.

그때부터 부처는 45년 동안 진리를 설파하는 삶을 살았다. 진리를 설파하는 동안 그는 자신의 이론 체계를 점점 심오하게 발전시키고 여러 가지 불교학의 개념과 수행 방법을 제시했지만, 4체라는 기본 전제는 변함이 없었다. 따라서 이 기본 전제를 이해하지 못하면 불교학의 이론을 이해할 수 없다.

석가모니는 자신의 깨달음을 구두로만 설법하고 글로써 남기지 않았기 때문에 그의 학설은 책이 아니라 입에서 입으로 전해졌다.

석가모니가 세상을 떠나기 전 제자 아난이 그에게 몇 가지 질문을 했는데, 그중에 이런 질문이 있었다.

"스승님께서 생전에 계실 때는 모든 이가 스승님의 가르침을 직접 들을 수 있습니다. 하지만 스승님께서 세상을 떠나신 뒤에 우리가 사람들에게 불법을 전파할 때는 어떻게 해야 그것이 스승님의 가르침이라는 것을 사람들이 믿도록 만들 수 있겠습니까?"

그러자 석가모니가 대답하였다.

"설법을 하기 전에 '여시아문(如是我聞, 나는 이와 같이 들었다)'이라는 말을 덧붙여라. 그러면 중생들이 그게 내가 한 말임을 믿을 것이다."

그러므로 불경의 첫머리가 "여시아문"으로 시작된다면, 그것은 석가모니가 말한 가르침이라는 뜻이다.

금강경은 어떻게 현대인의 사유 체계를 바꿀까

금강경은 다른 불경에 비해 분량도 짧고 글도 단순하고 쉽다. 화려한 상상과 신비한 은유, 복잡한 대구가 이어지는 다른 불경들과 달리 금강경은 평범한 문답록이다. 그러나 이 평범한 책의 영향력은 실로 막강하다. 이 책은 세상에 나온 뒤 지금까지 무수히 많은 영혼을 깨달음과 자유의 길로 인도하였다.

금강경을 읽지 않고, 금강경이 알려 주는 길을 깨닫지 못하고 실천하지 않으면 진정한 불교도가 될 수 없다. 불교를 배우고 불법을 수행함에 있어서 금강경은 필수 과목이다. 하지만 성불을 목표로 하지 않는 일반인에게는 금강경이 어떤 의의가 있을까?

'공(空)', '출세간(出世間)' 등 심오한 불교학의 개념에 대해 특별히 사색하지 않고 그저 보통 책을 읽듯 금강경을 읽거나 그저 대충 훑어본다 해도, 이 책에서 뜻밖의 교훈을 얻을 수 있다. 금강경이 불교의 기본 교법으로 불리지만, 사실은 대단히 난해하거나 우리와 동떨어진 경전이 아니며, 한 구절 한 구절 우리네 잡다한 인생에 대해 자분자분 이야기해 주기 때문이다.

금강경은 우리의 사유 방식을 바꾼다. 금강경에 담긴 석가모니의 말은 결론식 대답이 아니라 질문식 대답이다. 대답을 하면서도 계속 질문을 해서 질문한 사람을 생각하게 한다. 금강경에 담긴 부처의 말에 큰 관심이 없는 사람도 그 속에 담긴 질문식 사유 방식을 배운다면 그것만으로도 큰 배움이다. 살면서 항상 질문하고 시시때때로 돌이켜 생각한다면 점점 지혜로워지는 자신을 발견하게 될 것이다. 질문을 하면 통찰력을 기를 수 있고, 무엇을 보든 경솔하게 결론을 내리지 않을 수 있다.

금강경은 더 성공하고 더 건강하게 만든다. 물론 금강경을 읽는다고 바로 돈을 더 많이 벌 수 있는 것도, 더 좋은 직장을 구할 수 있는 것도, 불치병을 고칠 수 있도 것은 아니다. 하지만 금강경을 그저 가볍게 읽는 것만으로 기존의 습관적인 사유 방식에서 벗어나 더 넓게 생각하게 되고, 마음이 훨씬 온화해지며, 이런 변화는 결국 생활까지 바꾸어 놓는다. 그러므로 금강경을 읽으면 사회에서 더 성공하고, 일이 더 순조로워지며, 몸이 더 건강해진다고 말해도 크게 틀리지 않다.

무엇보다 중요한 것은 금강경을 읽으면 실패를 맞닥뜨렸을 때 우울해지지 않을 수 있다는 점이다. 눈앞에 보이는 실패가 그저 가상이고 게임이라는 것을 알고 있으므로 가상 때문에 쓰러지지 않을 수 있고, 반대로 성공했을 때도 성공이 가상이자 게임이라는 것을 알기 때문에 그 게임에 미혹되지 않을 수 있다. 이런 힘은 인생을 근본적으로 바꾸어 준다.

금강경은 속세도, 언어의 세계도 아닌 이 세상 밖의 다른 세상, 언어 밖의 다른 세상을 가리키고 있다. 그 세상은 아인슈타인이 말한 오묘함이자, 눈에 보이지도 않고 경험하지도 못한 오묘함이다. 금강경은 마법의 주문도 아니고 신화도 아니며, 진실한 모습을 알려 주는 안내서이다.

금강경을 읽는 것은 학문이 아니라 수행이다. 마음을 빠르고 맹렬한 번개나 단단한 다이아몬드로 만들어 어떤 형태와 관념에도 유혹당하지 않고 번뇌하지 않으며 분명하게 들여다보고 본질을 꿰뚫어 보게 만든다. 금강경을 읽는다면, 이 세상의 모든 형태와 관념에 흔들리지 않고 자신의 본래 모습 안에서 평온하게 머물며 생명 자체의 희열을 느끼게 될 것이다.

1장

·

열심히
밥 먹는 것부터
시작하라

·

지금 이 순간을 살기 위한 질문들

어떻게 지금 이 순간
이 자리에서 편안해지는가

금강경의 첫머리는 이렇게 시작된다.

"어느 날 부처가 사위국 기수급고독원에 계셨다."

더없이 평범하기만 하다. 다른 불경에서는 늘 부처가 신비한 모습으로 등장하지만, 금강경에서 부처는 평범함 그 자체이다. 부처가 우리네와 마찬가지로 '이 순간 이 자리'에 있다.

사람은 땅을 벗어날 수 없고, 두 곳 또는 그 이상의 장소에 동시에 있을 수도 없다. 그러므로 황제든 평민이든, 부자든 빈자든 '이 순간 이 자리'에 있어야만 한다.

이 순간 나는 내 방에서 글을 쓰고 있다. 이 순간 나는 기차에서 창밖 풍경을 감상하고 있다. 이 순간 나는 사무실에서….

사람의 인생은 사실 이런 무수히 많은 조각이 모여서 이루어진다. 그 조각들은 모두 어떤 자리에서 어떤 생각을 하고 있거나, 무언가를 하고 있으며, 어떤 표정을 짓고 있다.

많은 사람이 초조해하는 것은 '이 순간 이 자리'에 있지만, 그 순간과 그 자리에서 편안히 머물지 못하기 때문이다. 어떻게 하면 이 순간 이 자리에서 편히 머물 수 있을까?

첫째, 이 순간 이 자리에서 지금 하고 싶은 일을 해야 한다. 무언가를 기다리지 말고 곧바로 해야 한다.

둘째, 이 순간 이 자리의 아름다움을 느낄 수 있어야 한다. 나무 책상 위의 나이테, 기차 밖으로 스쳐 지나가는 집들, 사무실 안의 컴퓨터 자판 두드리는 소리처럼 작은 것들이 모두 제각각의 아름다움을 가지고 사람을 감동시킬 수 있다.

부처는 기수급고독원에서 제자 1,250명과 함께 있었다. 1,250명은 아주 많은 수이다. 아마 그 순간 인도 어딘가의 한 대청이 몹시 시끌시끌했을 것이다.

하지만 금강경의 첫머리는 평범하고 고요하기만 하다. 아무런 소음도 들리지 않는다. 우리는 부처가 그곳에 평온하게 앉아 있고 안온한 분위기가 흘러넘치는 분위기를 떠올리게 된다. 아무것도 하지 않고, 아무것도 생각하지 않으며, 그저 그 순간 그 자리에 있었던 것 같다.

부처와 그의 제자들이 어떻게 해서 기수급고독원에 머물게 되었을까?

부처와 제자들이 왕사성에 처음 도착했을 때는 정해진 거처 없이 숲을 따라 다니며 숲속에서 자고, 심지어 길가에서 노숙을 하기도 했다. 한 부자가 그들을 보고 왠지 모르게 이끌려 그들을 신뢰하게 되었다. 그는 그들을 위해 60곳에 숙소를 짓고 그들을 불러 식사를 대접하기로 하였다. 이 부자의 매형인 급고독장자가 이 소식을 듣고 이른 아침 부처를 만나러 갔다. 그런데 부처가 그를 보자마자 그를 '수달다'라고 불렀다.

급고독장자가 부처에게 "어젯밤은 편안히 주무셨습니까?"라고 문안을 드리자 부처가 대답하였다.

"마음이 고요하여 언제나 잘 잔다네."

부처가 그 자리에서 그에게 설법을 하여 이 세상 모든 것이 태어나면 반드시 죽는다는 이치를 알려 주었다.

급고독장자가 그것을 다 듣고 감동하여 부처와 제자들을 위해 우기에도 기거할 수 있는 거처를 지어 주고 싶다고 하였다. 그는 사위성 기타태자 소유의 숲에서 적합한 장소를 발견하고 기타태자에게 그 땅을 양도할 수 없는지 물었다.

태자가 "이 숲을 가득 덮을 만큼"의 황금을 달라고 하자 급고독장자가 금화 10만 개를 실어다가 그 숲에 깔았는데 문 앞의 작은 땅을 덮지 못했다. 그러자 기타대자가 "이 땅은 제가 보시하겠습니다"라고 했다. 급고독장자가 그 숲에 정사를 짓고 부처에게 물었다.

"세존이시여, 이 기원을 어떻게 사용해야 하겠습니까?"

부처가 대답하였다.

"과거, 미래, 현재에 사방의 비구들에게 내어 주어 사용하도록 하라."

석가모니가 성불한 뒤 각지를 돌아다니며 불법을 널리 전파했는데, 특히 왕사성(마갈타국의 도읍의 죽림정사와 사위성 교살라국의 도읍)의 기원에서 주로 설법을 하였다. 그중 사위성의 기원이 바로 금강경에 나오는 기수급고독원이다. 수보리를 비롯한 제자들은 기원에서 부처의 설법을 들었고, 그 내용이 바로 금강경에 나온다. 당나라 때 현장이 인도에 갔을 때도 이 기원의 유적을 방문하였다.

●

어떻게 하면 이 순간 이 자리에서
초조해하지 않고 편히 머물 수 있을까?
첫째, 지금 하고 싶은 일을 바로 하라.
둘째, 지금 이 순간의 아름다움을 느껴라.

밥벌이란
무엇인가

금강경의 첫 번째 단락 두 번째 말은 이렇다.

"식사 시간이 되어 부처가 가사를 입고 발우(승려들이 쓰는 밥그릇)를 들고 사위성으로 걸식을 하러 갔다."

부처가 되고도 밥을 먹어야 하고 보통 사람들이 날마다 마주치는 문제와 대면해야 했던 것이다.

밥을 먹지 않으면 사람은 굶어 죽는다. 속담에서도 "사람이 살아 있는 한 밥 한 입은 먹어야 한다"라고 하였다. 원시 시대에 인간은 숲에서 사냥을 하고 강에서 낚시를 해서 먹을 것을 얻었지만, 문명 시대에는 일을 해야만 먹을 것을 얻을 수 있다.

부처는 어떻게 했을까?

그가 우리처럼 날마다 회사에 출근하고 월급을 받았을 리도 없고, 원시인처럼 벌판을 누비며 사냥을 했을 리도 없다.

그는 아무것도 하지 않고, 아무것도 생각하지 않고, 그저 앉아 있다가 배가 고프면 제자들을 데리고 가가호호 돌아다니며 '걸식'을 하였다. 걸식이란 글자 그대로 해석하면 '구걸'이지만, 부처의 걸식은 보통 말하는 구걸과는 다르다.

첫째, 부처의 걸식은 살기 위해 어쩔 수 없이 존엄을 포기하고 먹을 것을 구한 것이 아니다.

둘째, 부처는 부자들에게만 구걸한 것이 아니라 빈부의 차별 없이 집집마다 돌아다니며 걸식을 하였다.

이것은 부처가 창안해 낸 생활 방식이다. 배고픔을 해결하면서도 생계유지라는 구렁텅이에 빠지지 않을 수 있으므로 무엇보다 자기 자신에게 이롭지만, 또 한편으로는 남에게도 이롭다.

불교에서 보시는 해탈하기 위한 중요한 방법 중 한 가지이다.

육도(六度), 즉 보살이 열반에 이르기 위해 지켜야 할 여섯 가지 덕목인 보시(布施), 지계(持戒), 인욕(忍辱), 정진(精進), 선정(禪定), 반야(般若) 중 제1도가 바로 보시이다. 따라서 걸식을 하는 것은 남에게 보시할 기회를 주는 것이므로 남을 이롭게 하는 일이다. 걸식을 '화연(化緣, 중생을 교화하는 인연)'으로 번역하면 부처의 원래 뜻에 더 가깝다.

부처는 이런 방식으로 자연스럽게 속세의 생계 문제에서 해탈하였다. 그러자 하루 세 끼를 걱정할 필요가 없어졌고, 입을 것, 살 집을 걱정할 필요가 없어졌다.

《성경》〈마태복음〉에서도 이렇게 말하였다.

"목숨을 위하여 무엇을 먹을까 무엇을 마실까 몸을 위하여 무엇을 입을까 염려하지 말라. … 공중의 새를 보라. 심지도 않고 거두지도 않고 창고에 모아 두지도 아니하며 몸이 의복보다 중하지 아니하냐. … 들판의 백합화가 어떻게 자라는가 생각해 보라. 수고도 아니 하고 길쌈도 아니 하느니라."

옛날 일본 작가 가모노 초메이는 은거 생활을 하였다. 그도 자신의 수필집 《빙장기》에서 "남을 위해 속세에서 바쁘게 달리는 것이 애처롭고 가련하구나"라면서 그럴 필요가 없으며, "물고기와 새의 자유로움"을 배우라고 하였다.

걸식은 생존 수단을 가장 간소화한 것이자, 자신의 지위를 가장 낮은 곳까지 낮춘 것이다. 이렇게 가장 간소하고 낮은 차원에서는 물질과 욕망이 걸림돌이 되지 못하므로 정신적으로 가장 자유로워질 수 있다.

부처는 이처럼 어딘가에 앉아서 도둑이 들어 집에 있는 물건을 훔쳐 가지 않을까, 몸에 가진 재물을 누구에게 빼앗기지 않을까, 일자리를 잃지 않을까, 내일의 생계는 또 어떻게 꾸려야 할까 걱정하지 않았다.

그는 이미 빈털터리였다. 배가 고프면 일어나 옷을 입고 제자들을 데리고 인연이 이끄는 대로 집집마다 돌아다니며 먹을 것을 구걸하였다. 먹을 것을 주면 받고 주지 않으면 떠났다.

그는 언제나 차분하고 평화로웠다.

●

생존 수단을 간소화하고
자신의 지위를 낮은 곳까지 낮추어라.
이렇게 간소하고 낮은 차원에서는
물질과 욕망이 걸림돌이 되지 못하므로
정신적으로 가장 자유로워질 수 있다.

나의 본래 자리란
어디인가

부처는 배가 고프면 나가서 걸식을 하고, 걸식이 끝나면 또 "본래의 자리로 돌아갔다[還至本處]." 글자만 보면 자신이 사는 곳으로 돌아갔다는 뜻이다.

《금강경강의(金剛經講義)》를 쓴 장웨이눙 선생은 "이 '본래의 자리로 돌아갔다'라는 말에 주목해야 한다"라고 강조하였다. 그는 부처가 배가 고프면 걸식을 하고 걸식이 끝나면 거처로 돌아갔다는 이 말이 얼핏 보면 아주 평범하지만, 사실은 심오한 뜻이 담겨 있으며 속세에서 분주하게 살아가는 사람들에게 간접적으로 전하는 법문이라고 하였다.

이 세상에 인간으로 태어났다면 누구든 먹고 입을 것을 위해 일해야 한다. 그런데 생계를 위해 뛰어다니느라 생명의 본질을 잊는다면 슬픈 일이 아닐 수 없다. 속세의 고단한 노동에서 벗어나고자 해도 벗어나지 못하고 도리어 온갖 번뇌만 생긴다면 그역시 슬픈 일이다.

하지만 다행스럽게도 여러 가지 환경을 이용할 수 있다면 어느곳에 있든 도를 닦을 수 있다. 장웨이눙 선생은 이 단락에서 매우 간단한 수행 방법을 고안해 냈다. 매일 아침 밖으로 나가 일을 하지만 필수적인 노동만 한다. 접대나 생계와 관련 없는 일은 모두 생략하고 퇴근하면 곧장 집에 돌아와 집안일을 한 뒤 조용히 앉아서 사색하고 자기 마음을 들여다본다. 그것만으로도 수행이 될 수 있다고 말한다.

장웨이눙 선생은 "본래의 자리로 돌아가 자리를 펴고 앉았다[還至本處, 敷座而坐]"라는 말이 바로 속세의 고된 노동으로 바쁘게 뛰어다니는 중생들에게 따끔한 일침을 놓는 말이라고 하였다. 장웨이눙 선생은 경문 뒤에 숨겨진 뜻을 읽어 냈다. 표면적으로 보면 우리도 부처와 마찬가지로 '먹을 것'을 위해 일하며 하루하루를 보내지만, 좀 더 깊이 들어가 보면 완전히 다르다.

중국 선종에 이런 말이 있다. 수행하지 않았을 때는 산은 산이

요 물은 물이지만, 수행을 시작하면 산이 산이 아니고 물이 물이 아니다. 하지만 완전히 깨달음을 얻은 뒤에는 산은 또 산이고 물은 또 물이다. 산과 물은 원래의 산과 물로 돌아갔지만 그 깊이와 경지는 예전 그대로일 수 없다.

부처가 깨달음을 얻은 뒤 매일의 일상도 보통 사람들의 일상과 똑같았지만 사실은 완전히 달랐다. 그는 언제나 자신의 '본래 자리'에서 오직 살기만을 위해 살았다.

많은 사람이 생계 도모라는 쳇바퀴에 갇혀 생활의 노예로 전락하였다. 사실 일은 수단일 뿐이며, 살 수 있는 집, 음식, 의복만 있으면 충분하다. 하지만 어느새 일이 목적이 되고 평생 좋은 자리를 얻거나 지키기 위해, 높은 연봉을 받거나 지키기 위해 아등바등 애를 쓰며 산다.

거리에서, 또는 오피스 빌딩에서 눈에 초점이 풀린 채 분주하게 발걸음을 옮기는 사람들을 볼 때마다 그들이 모두 우리 자신이 만들어 낸 체제에 묶인 노예 같다는 생각이 든다. 허망한 목표를 위해 인생 자체의 즐거움과 활력을 잊은 채 카프카의 《변신》 속 바퀴벌레로 변하는 것이다.

휴가철이 되면 관광 명소로 우르르 몰려가 바캉스를 즐기지만,

그 모습이 교도소에서 잠시 휴가를 받고 나와 바깥공기를 쐬는 죄수들과 별반 다를 게 없다. 휴가가 끝나면 어김없이 자기 자리로 돌아가 옥고를 치르듯 일에 다시 파묻힌다.

●

생계 도모라는 쳇바퀴에 갇혀
생활의 노예로 전락해 있지는 않은가?
사실 일은 수단일 뿐이다.
살 수 있는 집, 음식, 의복만 있으면 충분하다.
자신의 '본래 자리'를 깨달아 돌아가라.

왜 자꾸 새로운 것을
기다리게 되나

부처처럼 세상의 명예와 이익을 단호하게 포기할 수 있는 사람
은 거의 없고, 그처럼 집집마다 돌아다니며 걸식을 하고 절에 가
서 수행에 집중할 수 있는 사람도 거의 없다.

하지만 금강경의 첫머리에 등장하는 부처의 일상생활 모습이
우리를 깊은 깨달음으로 인도할 수 있다. 일상생활에서 부처는
차분하고 평온했으며, 그가 인생의 즐거움을 느끼며 살았음을
알 수 있다.

많은 이가 번뇌하는 이유는 일상생활에 만족하지 못하기 때문

이다. 일상에서 자신이 있는 '이곳 이 자리'를 좋아하지 않기 때문이다.

우리는 일상생활을 표현할 때 '땔감, 곡식, 기름, 소금', '번잡스러움' 등의 단어들과 연결시키고는 한다. 심지어 한 작가는 "칼산과 불바다는 두렵지 않지만 한 해 한 해 계속 반복되는 일상생활은 두렵다"라고 말하기도 하였다.

사람들은 마음속으로 오늘보다 더 나은 내일을 기대하고, 일상보다 더 다채롭고 즐거운 시간들을 바란다. 일상의 시간들은 빨리 지나가 버리고 앞으로 더 즐거운 일이 찾아오기를 기다린다. 시험 뒤의 합격 소식, 밸런타인데이의 데이트, 주말여행, 해외 유학 등 저마다 기다리는 것이 많다. 마치 무언가를 기다리지 않으면 하루하루를 보내기가 힘든 것처럼 말이다. 사람들이 매주 복권을 사는 일도 역시 기다림을 위한 것이다.

이런 기다림이 생명을 소모한다. 무언가를 기다리고 있다면 지금 이 시간이 참기 힘들고 괴로울 수밖에 없다. 그렇게 고대하던 순간이 정말로 찾아오면 잠시 또는 며칠, 길게는 몇 달 정도 기쁨과 흥분이 지속되다가 그 시간이 지나면 무료해지기 시작하고 또다시 새로운 기다림을 만들어 똑같은 일을 반복한다.

그렇게 우리는 계속 초조, 번뇌, 불안 속에서 어떤 일들이 발생하기를 기다린다. 하지만 기다리던 그 일을 이룬 뒤에는 또 어느

새 싫증을 낸다. 우리 몸은 어느 한 곳에 머물러 있을 수 있지만, 마음은 그럴 수가 없다. 반면 부처의 몸은 어디든 다니지만, 마음은 안정되어 매 순간 지금 그 자리에 있다.

금강경 첫 부분에 묘사된 장면은 부처처럼 성불한 사람도 일상생활에서 완전히 자유로울 수 없으며, 하루하루 일 분 일 초 살아가야 한다는 사실을 부처의 모습을 통해 우리에게 알려 준다.
그러므로 우리는 바로 이 순간 이 자리에서 본연의 마음을 지키며 자기 집에서 사는 법을 배워야 한다. 여기에서 '집'이란 우리가 거주하는 집을 의미하는 것이 아니라 언제 어디에서든 지혜와 통찰력, 경계심을 잃지 않는 또렷한 상태를 유지해야 한다는 뜻이다.

●

기다림이 생명을 소모한다.
몸은 어디든 다녀도 좋지만,
마음은 안정되어 매 순간 지금 그 자리,
자신의 본연의 자리에 있어라.

세상에
변하지 않는 것은 무엇인가

부처는 사람들에게 담박하게 살라고 말하고 있을까?

현재에 안주하고 지금 이곳에 머물러 있는 것이 담박함일까?

이는 아주 복잡한 문제다. 금강경을 다 읽은 뒤에 이 문제를 다시 생각해 본다면 아마 더 분명한 대답을 얻을 수 있을 것이다.

여기에서 짚고 넘어가야 할 것은 금강경의 첫머리에서 보여 준 부처의 평범한 모습이 그가 오랫동안 찾아 헤맨 뒤에 얻어 낸 것이라는 사실이다.

화려함과 담박함이 정반대의 것이라면, 부처는 화려함을 경험한 뒤 담박함으로 돌아갔다. 이런 경험을 한 뒤에 나온 담박함이기 때문에 사실은 담박함이 아니다.

오래전 영국 소설을 읽은 적이 있다. 제목은 잊었지만 그 줄거리는 내게 인상 깊게 남아 있다.

오랫동안 화려한 성공과 남다른 인생을 꿈꿔 온 한 젊은이가 있었다. 그가 고향을 떠나 런던으로 갔다가 파리를 거쳐 미국으로 갔다. 사랑을 얻고 돈도 벌고 화려하고 방탕한 생활을 하고, 죽을 고비를 넘기기도 하고, 신을 믿기도 하고, 또 정치에 참여하기도 하였다. 하지만 어느 날 그 모든 것에 염증을 느끼고 고향인 스코틀랜드의 조용한 농장으로 돌아갔다.

그곳은 변한 것이 하나도 없었다. 산은 여전히 푸르고, 물은 여전히 맑았으며, 소와 양은 여전히 언덕에서 한가로이 풀을 뜯고 있었다. 이웃집 할아버지는 머리에 흰머리가 몇 가닥 늘었다는 것을 제외하면 예전 그대로 매일 오후 똑같은 시간에 집 앞 커다란 나무 밑에서 졸음을 즐겼다. 어린 시절 소꿉친구는 멋진 아가씨가 되어 울타리 안에서 숙련된 손놀림으로 우유를 짜고 있었다.

이 모든 것이 고향으로 돌아온 그를 감동시켰다. 바깥세상에서 그렇게 오랫동안 돌아다녔지만, 그의 고향은 변한 것이 없었다. 그 순간 그는 그곳에서 영원히 머물고 싶다는 강렬한 생각에 사로잡혔다. 하지만 한편으로 당혹스러웠다. 그토록 오랫동안 타지를 떠돌며 찾아 헤맨 것은 무엇 때문이었을까? 도대체 무슨 의미가 있단 말인가?

　도연명도 비슷한 경험을 하였다. 그는 속세에서 30년간 떠돌며 살았다. 하지만 결국 전원으로 돌아가 고즈넉한 풍경을 본 뒤에야 속세의 모든 것이 자신을 가두는 새장이었으며, 자연 그대로의 상태만이 생명의 리듬에 어울린다는 사실을 깨달았다.

　어려서부터 세속에 어울리지 못하고 천성이 자연을 좋아했다네.
　어쩌다 속세의 그물에 빠져 어느덧 삼십 년이 흘렀네.
　새장 속 새는 옛 숲을 그리워하고 연못 속 고기는 옛 물을 잊지 못하지.
　남쪽 들 가장자리 황무지 일구며 소박함 지키려 전원으로 돌아왔다네.
　네모난 집터 십여 이랑 남짓에 초가집이 여덟아홉 칸일세.
　느릅나무 버드나무 그늘이 뒤뜰 처마를 덮고 복숭아 자두나무 앞뜰에 늘어섰네.
　아득히 먼 곳에 마을이 있어 밥 짓는 연기 모락모락 피어오르네.
　골목 깊숙한 곳에서 개 짖는 소리 들리고 뽕나무 위에서 닭 울음소리 들리네.

집 안에 속세의 번잡함 없고 텅 빈 방에는 한가로움 넘치네.

오랫동안 새장 속에 갇혀 살다가 이제야 자연으로 돌아왔다네.

도연명, 〈귀전원거〉

이것은 떠돌다가 돌아온 사람의 탄식이자 모든 것을 내려놓은 차분함이다.

그런데 모든 노력이 결국에는 허사로 돌아간다면, 처음부터 아무것도 찾으려 하지 말고 노력하지도 말아야 할까? 《홍루몽》에서 임대옥이 말한 것처럼 모든 것이 결국에는 '흩어지므로' 아예 '모이지도' 말아야 할까? 아니면 모두 속세의 생활을 포기하고 깊은 산으로 들어가 매일 수행하며 살아야 할까?

하지만 사람이 살면서 오로지 본성과 생명을 지키는 일에만 집착하고 삶의 질을 간과한다면 아무리 백 살까지 산들 무슨 의미가 있겠는가?

바이런은 평범하게 백 살까지 사느니 차라리 장렬히 살다가 열여덟에 요절하는 편이 낫다고 하였다. 물론 감성적인 시인의 극단적인 말이겠지만, 다른 관점에서 보면 속세에서 방황한 경험이 없다면 도연명도 자연과 그토록 깊이 융화되지는 못했을 것이다. 만약 부처가 최고의 부귀영화를 경험하지 않았다면 아마그도 그처럼 철저한 깨달음을 얻지 못했을 것이다.

어느 경서에 이런 말이 나온다.

"모인 뒤에는 흩어짐이 있고, 높이 오른 뒤에는 내려감이 있으며, 만남 뒤에는 헤어짐이 있고, 태어남이 있으면 죽음도 있다."

이는 인생에 대한 의욕과 활력을 사그라뜨려야 한다는 뜻도 아니고, 철저히 피동적인 자세로 몸을 사려야 한다는 말도 아니다. 이 말은 '무대 위'에 있을 때 '무대 아래'를 생각하고, 꽃이 활짝 피었을 때 곧 꽃이 시들 것임을 알아야 한다는 사실을 우리에게 알려 준다.

겨울이 왔다면 봄이 멀어 봤자 얼마나 멀겠는가? 그렇다면 이렇게도 물을 수 있다. 봄이 왔다면 겨울이 멀어 봤자 얼마나 멀겠는가?

자랑스럽게 자신을 표현하고, 화려한 꽃을 피우고, 성공할 기회를 찾아다녀도 좋다. 하지만 지금 자신이 얻은 것이 영원히 변치 않을 것이라고 생각해서는 안 된다. 영원히 가지고 싶은 마음이 바로 족쇄이자, 우리를 고통스럽게 하는 근원이다.

모임과 흩어짐, 생과 사, 득과 실의 슬픔과 기쁨이 지나간 뒤에야 우리는 인생이 사실은 사계절처럼 번갈아 찾아오므로 슬퍼할 것도 기뻐할 것도 없음을 알게 된다. 오래도록 변치 않는 것은 바로 지금 현재다. 하지만 우리는 속세에서 방황을 겪은 뒤에야 고개를 돌려 줄곧 그곳에 있었던 지금을 바라보게 된다.

부처가 진정으로 우리에게 말하고 싶었던 것은 담박함을 추구하라는 것도 아니고 화려함을 좇으라는 것도 아니다. 바로 모든 것을 내려놓고 바로 지금 이 순간에 충실해야 한다는 사실이다.

지금 이 순간은 화려하지도 않고 담박하지도 않지만, 또 화려하기도 하고 담박하기도 하며, 시작이자 결과이다. 다시 말해, 우리는 매 순간 인생의 모든 가능성, 인생의 다채로움, 최종적으로 아무것도 없는 상태를 경험할 수 있다. 단지 그뿐이다.

●

오래도록 변치 않는 것은 바로 지금 현재이다.
하지만 우리는 속세에서의 격렬한 방황을 겪은 뒤에야
고개를 돌려 줄곧 그곳에 있었던
지금을 바라볼 수 있다.

2장

하고 싶고
할 수 있는 것에
집중하라

흔들리는 마음을 다스리기 위한 질문들

흥분되고 초조해질 때
어떻게 하면 좋은가

부처와 제자들이 그곳에 조용히 앉아 있을 때 수보리라는 제자가 벌떡 일어나 부처에게 질문을 하였다. 그의 질문이 무엇인지는 일단 옆으로 제쳐 놓고, 그의 이 동작을 가만히 들여다보자. 자리에서 일어났을 때 그는 오른쪽 어깨는 맨살을 드러내고 오른쪽 무릎을 땅에 꿇고 두 손은 합장을 한 채 부처에게 말하였다.

수보리의 이 동작에 세 가지 의문점이 있다.

첫째, 어째서 가사를 입을 때 왼쪽 어깨는 가리고 오른쪽 어깨는 맨살을 드러내 놓을까?

노동할 때 편하기 위함이라고 하지만, 내 추측으로는 인도의 더운 기후와도 관련이 있을 것 같다. 티베트족이 장포를 두를 때도 한쪽 어깨를 드러내는데, 이는 종교적인 이유 때문이 아니라 티베트 지역의 일교차가 매우 크기 때문이다.

둘째, 어째서 오른쪽 무릎을 꿇었을까?

불교에서 오른쪽은 정도(正道), 왼쪽은 사도(邪道)를 의미하고, 무릎은 반야(지혜)이며 땅은 실상(實相)을 뜻한다. 실상이란 천지 만물의 실제 모습 또는 본연의 상태이다. 오른쪽 무릎을 땅에 꿇은 것은 세상 모든 것이 텅 비어 있음을 아는 지혜와 실제 존재의 만남을 의미한다.

셋째, 어째서 두 손을 합장하였을까?

인도인은 왼손은 더러운 손, 오른손은 신성한 손이라고 여긴다. 양손을 합장하면 깨끗한 것과 더러운 것이 서로 만나 전체가 된다는 뜻이다. 더 나아가 우리가 이 세상을 이분법적인 사고로 바라보지 않고 하나의 온전한 전체로서 모든 것을 포용해야 한다는 의미이다.

이런 해석은 아마 후대 사람들이 도출해 낸 것이겠지만, 점차 불교의 기본 예법으로 굳어졌다.

불교도는 거의 매일 몇 가지 동작을 반복한다. 그중 하나가 합장이다. 부처를 동경하는 중생은 늘 두 손을 합장한다. 그 속에 얼마나 심오한 의미가 깃들어 있든 상관없이 오른쪽 무릎을 땅에 꿇고 두 손을 합장하는 것은 그 동작 자체만으로도 충분히 아름답다.

내가 처음 절에 가서 승려들을 만났을 때 가장 감동했던 것이 바로 그들의 자세와 표정이다.

자세와 표정은 마음에서 나온다. 금강경의 첫 단락과 두 번째 단락에 묘사된 부처와 수보리의 일상생활 모습이 지극히 평범해 보이지만 실은 사람의 마음을 움직이는 호소력을 지녔다. 이는 단순히 자세나 예법에서 우러나온 것이 아니다. 금강경을 읽고 나면 부처가 심오한 깨달음을 얻었기에 그런 자태와 풍모를 가질 수 있었음을 알 수 있다.

겉으로 보이는 예법이나 규범도 사람의 마음을 움직일 수 있다. 특히 우리 같은 평범한 사람에게는 종종 겉모습이나 동작이 더 효과적인 가르침이 되기도 한다. 특정한 자세와 동작으로 가장 짧은 시간 안에 마음을 평온히 가라앉힐 수 있기 때문이다.

정토종에서는 불법을 전혀 이해하지 못하는 사람이라도 매일 "아미타불"을 읊는 것만으로도 무한한 공덕을 얻고 정토로 갈 수 있다고 주장한다. 티베트에서는 어릴 적부터 육자 진언을 염송하기 때문에 무슨 일을 하든 차분한 표정과 동작을 유지할 수 있다. 염송, 즉 불경의 문구를 읊는 것 자체가 마음을 고요하게 하는 행위이기 때문이다. 자신이 읊는 문구의 음절에 집중하는 순간 어지러운 바깥세상에서 멀리 떨어질 수 있다.

우리는 생계를 위해 분주하게 돌아다니고 날마다 각종 동작을 하며 살아간다. 그런데 땅에 무릎을 꿇고 두 손을 합장하는 것은 속세의 동작들과 전혀 다르다. 속세에서 이곳저곳 누비고 다니며 앞으로만 내달렸다면, 이 동작은 안으로 움츠리고 뒤로 돌아오는 것과 같다.

앉아 있든 서 있든, 회사에 있든 거리에 있든, 혼자 있든 많은 사람 사이에 끼어 있든, 두 손을 천천히 움츠려 가슴 앞에서 하나로 모으고 고개를 약간 숙여 땅을 쳐다보라. 그때 어떤 기분이 드는가?

땅에 무릎을 꿇거나 두 손을 합장했을 때 사람들이 이상한 시선으로 쳐다볼까 봐 두렵다면 방법을 바꾸어 볼 수도 있다.

마음이 홍분되고 초조해지거나 갖가지 유혹에 저항하기 힘들다면, 자신의 호흡에 집중해 보라. 오로지 숨을 들이마시고 내쉬는 동작에만 집중하며 천천히 심호흡을 하는 것이다. 세상 모든 것이 사라지고 오직 자신의 숨소리만 들리는 경지에 이르면, 그 유일한 소리가 자신을 내면으로 데려가 주고 자기 내면의 목소리를 들을 수 있게 해 줄 것이다. 복잡한 생각이나 명상도 필요 없다. 그저 심호흡을 하는 것만으로도 자기 내면으로 회귀해 마음속의 진정한 목소리를 들을 수 있다.

한번 해 보라. 아주 간단한 방법이다. 무엇을 하고 있든, 서 있든 앉아 있든 누워 있든, 모든 주의력을 호흡에만 집중한다. 콧구멍으로 천천히 숨을 들이마시며 혀끝을 천천히 말아 올려 윗니 뒤에 대고 천천히 숨을 멈추었다가 입으로 숨을 내쉬며 혀끝을 천천히 내려놓는다.

심호흡은 자기 내면으로 돌아올 수 있는 가장 간단한 방법이다. 마음이 초조해지고 불안할 때 이 방법만으로도 뜻밖의 효과를 거둘 수 있을 것이다.

●

흥분되고 초조해지거나
갖가지 유혹에 저항하기 힘들다면,

자신의 호흡에 집중하라.
복잡한 생각이나 명상도 필요 없이
그저 심호흡만으로도
나의 마음속 진정한 목소리를 들을 수 있다.

어떤 질문을 하며
살아야 하는가

수보리는 그런 자세로, 그러니까 오른쪽 어깨를 드러내고 오른쪽 무릎을 꿇고 두 손은 합장한 채 한 가지 질문을 하였다. 그가 던진 질문은 종극의 경지에 관한 것이었다.

모든 종교와 철학은 몇 가지 의문에서 시작된다. 평범한 중생이라도 갖가지 의문을 가지고 하루하루를 살아간다. 사람마다 인생의 모습이 각기 다르듯, 우리가 발견하는 의문과 해결 방법도 저마다 다르다. 어떤 의문을 안고 사느냐에 따라 삶의 방향이 달라진다.

오늘은 무슨 음식을 먹을까? 어떻게 하면 늦지 않고 통근 버스에 탈 수 있을까? 어떻게 하면 상사의 마음에 들 수 있을까? 어디에 투자해야 할까? 어떻게 하면 최소의 자본으로 최대의 이익을 얻을 수 있을까? 어떻게 하면 휴가를 즐겁게 보낼 수 있을까? 어떤 영화를 볼까? 어떻게 해야 빈부격차를 줄일 수 있을까? 어떻게 해야 민주주의를 실현할 수 있을까?

이처럼 처한 상황과 위치에 따라 안고 있는 의문들이 천차만별이다. 어떤 문제에 관심을 가지고 있느냐에 따라 인생의 방향이 달라지므로, 어떤 질문을 하느냐가 매우 중요하다.

부처는 원래 고타마 싯다르타라는 왕자일 뿐이었다. 날마다 왕궁에서 안락한 생활을 하며 가난도 질병도 모르고, 죽음에 대해서는 더더욱 알지 못하였다. 그가 계속 바깥세상과 단절된 채 행복하게 살기만 했다면 아무런 의문도 없었을 것이고, 깨달음을 얻지도 못했을 것이며, 불교 사상을 정립하는 것도 불가능했을 것이다.

그런데 싯다르타 왕자가 어느 날 왕궁 밖으로 나가면서 그에게 의문이 시작되었다.

첫째 날.

왕자가 왕궁을 나가 성 밖의 정원에 갔다가 한 노인을 보았다. 잔뜩 구부러진 몸을 지팡이로 간신히 지탱하고 걸어가는 모습이 무척 힘들어 보였다. 왕궁 안에서 그런 사람을 본 적이 없는 왕자는 자신을 수행하는 마부에게 물었다.

"저 사람은 왜 저런 모습이냐? 어째서 머리카락과 몸이 남들과 다르지?"
"노인이라 그렇사옵니다."
"노인이 무엇이냐?"
"앞으로 얼마 살지 못할 사람입니다."
"그렇다면 나도 저 노인처럼 늙게 되느냐?"
"모든 사람은 세월이 흐르면 노인이 됩니다."

왕궁으로 돌아온 뒤 왕자가 시름에 잠겼다.

'태어나면 늙어야 하다니 태어남이란 것이 얼마나 비루한가.'

둘째 날.
왕자가 왕궁에서 나가 성 밖에 있는 정원에 갔다가 병자를 보았다. 병자가 고통스럽게 일그러진 얼굴로 자신의 분뇨 위에 누위 있는 것을 보고 사람들이 그를 일으켜 옷을 갈아입혀 주고 있었다. 왕궁 안에서 그런 사람을 본 적이 없는 왕자가 마부에게 물었다.

"저 사람은 어찌 된 일이냐? 어째서 눈빛과 목소리가 남들과 다르지?"
"저 사람은 병자이옵니다."
"병자가 무엇이냐?"
"몸이 온전해지기 힘든 사람입니다."
"나도 병이 나게 되느냐? 병이 나지 않을 수도 있느냐?"
"왕자님도 우리와 마찬가지로 병이 날 것입니다. 피할 수는 없습니다."

왕궁으로 돌아온 왕자는 또 시름에 잠겼다.

'태어나면 늙고 병들어야 하다니 태어남이란 것이 얼마나 비루한가.'

셋째 날.
왕자가 왕궁에서 나가 성 밖에 있는 정원에 갔다가 사람들이 모여 있는 것을 보았다. 다양한 색의 옷을 입은 사람들이 죽은 이를 화장하고 있었다. 마부에게 그리로 가까이 가 달라고 해서 보니 죽은 이의 시체를 똑똑히 볼 수 있었다. 왕궁에서는 그런 사람을 본 적이 없었다. 왕자가 마부에게 물었다.

"죽은 사람이 무엇이냐?"
"죽은 사람이란 그의 부모와 친구들이 다시는 그를 볼 수 없고 그도 다시는 우리를 볼 수 없는 사람입니다."
"나도 죽게 되느냐? 우리 부모님과 친구들이 다시는 나를 볼 수 없고 나도 다시는 그들을 볼 수 없게 되느냐?"
"왕자님이시여, 사람은 모두 죽습니다. 죽음을 피할 수는 없습니다."

왕궁으로 돌아온 왕자는 우울하였다.

'태어나면 늙고 병들고 죽는다니 태어남이란 것이 얼마나 비루한가.'

넷째 날.
왕자가 왕궁에서 나가 성 밖에 있는 정원에 갔다가 출가한 사람을 보았다. 그는 머리를 깎고 가사를 입고 있었다. 왕궁에서는 그런 사람을 본 적이 없는 왕자가 마부에게 물었다.

"저 사람은 어째서 머리와 의복이 남들과 다르지?"

"출가한 사문이라 그렇사옵니다."

"출가한 사문이 무엇이냐?"

"정법(正法, 바른 교법)과 정행(正行, 바른 행동)을 행하고, 선업(善業, 자신과 남에게 이익이 되는 선한 업)과 복업(福業, 복덕을 받을 만한 업)을 쌓으며, 살생을 행하지 않고, 중생을 가엾게 여기는 사람입니다."

"아주 훌륭하구나!"

왕자가 마부를 시켜 출가한 사문에게 다가가게 하였다.

왕자가 출가한 사문에게 물었다.

"그대는 어째서 머리와 의복이 남들과 다른가?"

"왕자님이시여, 저는 출가한 사문이라 그렇습니다."

"출가한 사문이 무엇이냐?"

"정법과 정행을 행하고, 선업과 복업을 쌓으며, 살생을 행하지 않고, 중생을 가엾게 여기는 사람입니다."

"아주 훌륭하구나! 정법도 정행도 선업도 복업도 훌륭하고, 살생을 행하지 않고 중생을 가엾게 여기는 것도 아주 훌륭하구나."

왕자가 마부에게 말하였다.

"너 혼자 돌아가거라. 나는 여기서 머리를 깎고 가사를 입고 출가하겠노라."

이 나흘 동안의 일이 하나의 이야기가 되어 《대본경(大本經)》(부처가 법당에서 비구들에게 들려준 성불하기 전의 이야기를 기록해 놓은 책)에 처음 실렸다.

부처가 제자들에게 불법을 전수할 때는 이 이야기의 주인공이 '비바시 왕자'였다. 하지만 입에서 입으로 전해지고 책에 기록되면서 부처가 출가한 이야기가 되었다. 물론 이야기 속 왕자가 누구인지는 중요하지 않다. 부귀영화를 누리던 부처가 생로병사의 무상함을 깨달은 뒤에 수행의 길로 들어선 것은 사실이기 때문이다.

부처가 찾으려 했던 것은 이 세상을 더 살기 좋고 아름답게 만드는 방법이 아니다. 그는 우리가 살고 있는 세상에 완전히 절망하고 어떻게 하면 이 세상을 떠날 것인가를 고민하였다. 이 이야기에서도 그는 "태어남이란 얼마나 비루한가"라고 탄식한다. 그가 고민하는 것은 "어떻게 하면 생사의 윤회에서 벗어날 수 있는 가"였다.

그래서 달마는 양무제가 절을 짓는 것이 공덕을 쌓는 일이 아니라고 하고, 오조 홍인 스님은 제자들에게 "너희는 하루 종일 공양을 하며 복을 기원하기만 하지 생사의 고해에서 벗어나기를 기도하지 않는구나"라고 탄식한 것이다.

진정한 불교도가 추구하는 것은 생사윤회에서 해탈하는 것이다. 《중니가야(中尼迦耶)》(팔리어로 된 5부 경장 중 하나) 중 〈성구기(聖求記)〉를 보면 부처가 자신이 출가한 경험에 대해 이야기하며 이렇게 말한다.

"깨달음을 얻기 전에 나는 생로병사와 고뇌에 얽매여 있으면서, 또 생로병사와 고뇌에 얽매이기를 바랐다. 그래서 나는 어째서 내 몸이 생로병사와 고뇌에 얽매여 있으면서, 또 그것들에 얽매이기를 바라고 있는가 생각하였다. 그것들에 얽매인 채 그 속의 고통을 보면서 생로병사가 없고 고뇌도 없는 해탈과 열반의 경지를 추구할 수는 없을까 생각하였다."

이런 의문이 부처를 해탈의 길로 안내하였다. 자신의 진정한 의문을 찾았기 때문에 인생의 방향을 찾은 것이다.

●

사람은 자신이 처한 상황과 위치에 따라
안고 있는 의문들이 천차만별이다.
어떤 문제에 관심을 갖고 있느냐에 따라
인생의 방향이 달라진다.
따라서 어떤 질문을 하느냐가 매우 중요하다.

반대로 쓸모없는
질문은 무엇인가

바라문 출신의 만동자가 부처에게 이렇게 물었다.

"세상은 영원합니까, 영원하지 않습니까? 세상은 유한합니까, 무한합니까? 육신과 생명은 같은 것입니까, 다른 것입니까? 여래 (부처)는 사후에 존재합니까, 존재하지 않습니까? 아니면 존재하는 것이기도 하고 존재하지 않는 것이기도 합니까? 아니면 존재하는 것도 아니고 존재하지 않는 것도 아닙니까?"

그러자 부처가 그에게 대답 대신 한 가지 이야기를 들려주었다.

"독화살에 맞은 사람을 의사에게 데려가려고 하자 그가 몇 가지 질문에 대한 답을 들어야만 의사에게 가겠다며 고집을 부렸다. '이 화살은 누가 쏜 것입니까?', '그는 누구입니까?', '그의 활은 어떻게 생겼습니까?' 아무도 그 질문에 대답하지 못하자 그는 그대로 죽었다."

질문을 하려면 유용한 질문을 해야 하며, 쓸데없는 질문을 하는 것은 시간 낭비라는 뜻이다. 그렇다면 유용한 질문이란 무엇일까? 누구나 인생에 대한 의문을 가지고 있으며, 그것이 인생의 방향을 결정한다.

대학 졸업을 앞둔 두 학생이 있었다. 한 명은 '어떤 직장이 좋은 직장일까?'라고 고민하고, 다른 한 명은 '내게 맞는 일은 무엇일까?'라고 고민하였다. 이 두 가지 질문으로 인해 두 사람의 인생이 완전히 달라질 것이다. 전자는 남들을 따라 이리저리 흔들리며 살 것이고, 후자는 자신의 꿈을 좇으며 살 것이다. 어떤 인생을 살고 싶은가?

스티브 잡스는 날마다 자신에게 이렇게 질문하였다.

"내일 내가 죽는다면, 나는 지금 무엇을 할 것인가?"

그래서 그는 자신이 진정으로 하고 싶은 일을 했고, 잡다한 일들을 최대한 줄여서 불필요한 일에 체력과 정신을 낭비하지 않았다.

반면 '오늘 상사 앞에서 무슨 말을 해야 할까?', '오늘 점심시간에 누구와 밥을 먹을까?' 같은 문제만 골똘히 생각하며 산다면, 잡다한 일상에 매몰된 인생을 살 것이다. 또는 '어떻게 하면 좋은 사람과 결혼할 수 있을까?', '어떻게 하면 예뻐질 수 있을까?' 같은 고민에 빠져 있다면, 생각할수록 점점 더 미궁에 빠질 것이다.

부처가 생각하는 유용한 질문이란 탐욕을 버리고, 마음을 차분히 가라앉히고, 지혜를 얻고, 해탈하는 데 도움이 되는 질문이다. 그 외의 것들은 모두 쓸모없는 질문이다.

부처는 "인생은 고해다"라는 기본 명제를 품고 있었다. 세상을 살면서 어떤 목표를 세우든, 그 목표를 이루든 이루지 못하든, 결국에는 모두 번뇌에 휩싸이게 되므로 이 세상에서 벗어나고 생사의 윤회에서 탈피해야만 진정한 안락함으로 돌아갈 수 있다는 것이 부처의 기본 관념이었다.

수보리가 일어나 이렇게 물었다.

"불법에 귀의한 남자와 여자가 '더없이 바른 깨달음(無上正等正覺)'을 추구하고 성불하기를 원하는 마음이 생겼을 때, 어떻게 해야 그 마음(보리심)을 지킬 수가 있습니까? 헛된 생각이 들 때, 어떻게 그 생각을 억눌러야 합니까?"

수보리의 이 질문은 불교의 가장 기본적이고 궁극적인 문제이다. 어떻게 하면 보리심을 지키고 헛된 생각을 억누를 수 있을까? 이것은 최종적인 해탈을 구하는 문제였다.

부처의 대답은 간결하면서도 힘이 있었다.

"나는 생명을 가진 모든 존재가 알에서 태어나든, 탯줄을 달고 태어나든, 습한 곳에서 태어나든, 아무 과정도 거치지 않고 홀연히 태어나든, 아니면 형상이 있든 없든, 생각이 있든 없든, 생각이 있는 것도 아니고 없는 것도 아니든, 모두 생사윤회에서 벗어나 열반의 경지에 도달하도록 제도하였다. 그런데 무수히 많은 중생을 제도했지만 실제로 해탈을 얻은 중생이 없다. 이유가 무엇일까? 보살의 마음속에 자아의 상[我相], 타인의 상[人相], 중생

의 상[衆生相], 생명이 존재하는 시간의 상[壽者相]이 있다면, 그
는 보살이 아니기 때문이다."

금강경은 이렇게 단순하면서도 심오한 문제에 대한 해답을 구
한다.

●

내 인생에 질문을 하려면 유용한 질문을 해야 한다.
탐욕을 버리고, 마음을 차분히 가라앉히고,
지혜를 얻고, 해탈하는 데 도움이 되는 질문을 하라.
그 외의 것은 모두 쓸모없는 질문이다.

어떻게 인생의 방향을
바꿀 수 있나

금강경의 첫머리에 일상생활의 풍경이 묘사되어 있다. 부처와 그의 제자들이 평범한 사람들처럼 배가 고프면 밥을 먹고 피곤하면 잠을 잔다.

그런데 수보리가 벌떡 일어나 종극에 관한 질문을 하면서 평범했던 풍경에 평범하지 않은 분위기가 흐른다. 그리고 부처가 수보리의 질문에 대답하면서 이야기는 클라이맥스로 다다르고, 평범함 속에서 사람의 마음을 움직이는 힘이 터져 나온다.

그렇다. 부처의 일상적인 모습에는 사람의 마음을 움직이는 힘이 들어 있다. 왜 그럴까? 부처가 지금 그 자리에 머물러 있는 그 바탕에 인생의 종극에 대한 생각이 깔려 있기 때문이다. 그는 인생과 존재를 꿰뚫어 보고 자신의 생각이 정립되어 있었기 때문에 모든 것을 내려놓고 바로 지금 그 자리에서 평범한 모습으로 머물 수 있었다. 겉으로 보면 우리네 보통 사람들과 다를 바가 없지만, 사실 그의 경지는 결코 같지 않았다.

부처와 우리의 차이를 만드는 가장 중요한 요인은 바로 인생의 종극에 관한 의문일 것이다. 이 의문이 밝은 빛처럼 비추어 우리의 암울한 일상을 환하게 만들 수 있다. 그렇다면 종극에 관한 의문이란 무엇일까?

'어떻게 하면 좋은 남자와 결혼할 수 있을까?', '어떻게 하면 주식 투자로 큰돈을 벌 수 있을까?', '어떻게 하면 영어를 마스터할 수 있을까?', '어떻게 하면 몸이 더 건강해질까?'

물론 이런 현실적인 의문도 매우 중요하기는 하지만, 종극에 관한 의문은 아니다. 이런 문제는 해결해도 끝이 아니라 새로운 문제의 시작이 되기 때문이다. 남편감을 찾고 나면 또다시 결혼이라는 문제가 시작되고, 몸이 건강해져도 여전히 죽음을 피할 수는 없다.

수보리의 질문은 종극에 관한 것이었다. 이 질문의 해답을 찾는다면 다른 모든 문제는 무의미해지기 때문이다. 내가 종극에 관한 의문을 '밝은 빛'에 비유한 것도 바로 그 때문이다. 이 질문은 빛처럼 모든 것을 꿰뚫고 정지시키는 힘을 가지고 있다. 분주한 일상을 살다가 어떤 인연을 만난 뒤 우뚝 멈추어 서서 현실에서 빠져나와 자신이 속한 세계를 돌아보게 되는 것과 같다.

수보리처럼 심오한 질문이 아니라 개인의 종극에 관한 문제라도 무방하다. '내 인생에서 하고 싶은 일은 무엇일까?', '내가 할 수 있는 일은 무엇일까?' 같은 것들 말이다.

나는 무엇을 하고 싶은가?
나는 무엇을 할 수 있는가?

이 두 가지 의문을 통해 인생의 방향이 바뀌고 종극에 관한 사색이 시작된다.

처음 금강경을 읽었을 때, 나는 수보리의 이 질문을 이해하지 못했고 부처의 대답은 더더욱 이해할 수 없었다. 하지만 종극에 관한 수보리의 생각이 내 마음을 움직였고, 나는 멈추어 서서 자신을 차분히 돌아보아야 한다는 사실을 깨달았다. 내가 인생에서 원하는 것은 무엇일까? 그 해답을 찾고 나자 힘들었던 현실의 문제들이 훨씬 가벼워짐을 느꼈다.

누구든 생존 자체에 종극을 비추는 빛이 감추어져 있다. 우리가 그것을 발견하지 못하고 현실에만 정신을 빼앗기고 있는 것이다. 그 빛을 발견한다면, 현실에 매몰되지 않고 진정한 자기 인생을 살 수 있다. 한 예로 돈을 버는 것과 같은 속세의 행위 속에서도 종극에 관한 의문을 가지고 사색할 수 있다면, 돈을 벌면서도 돈의 노예가 되지 않을 수 있다.

●

"나는 무엇을 하고 싶은가?"
"나는 무엇을 할 수 있는가?"
이 두 가지 의문을 통해 인생의 방향이 바뀐다.
그리고 내 인생의 가장 중요한 질문인
종극에 관한 사색이 시작된다.

3장

·

멀리 보고
넓게
생각하라

·

눈앞의 번뇌에서 벗어나기 위한 질문들

나는
어떤 존재인가

수보리가 "어떻게 하면 보리심을 계속 지킬 수 있습니까?"라고 물었을 때, 부처는 "모든 중생"이라는 말을 써서 대답하였다.

이 말은 우리를 한 단계 높은 경지로 끌어올려 준다. 타고르의 표현을 빌리자면, 부처는 우리를 유한의 세계에서 무한의 세계로 이끈다. 부처가 "모든 중생"이라고 표현한 것은 그의 대답이 그의 눈앞에 보이는 1,000여 명의 제자나 기원정사 안에 있는 몇 그루 나무에만 국한된 것이 아니라, 무한하고 온전한 전체를 대상으로 한 것이기 때문이다.

중생이란 깨달음을 얻지 못한 보통 사람을 뜻한다고 흔히 알고 있다. 하지만 부처가 말한 중생이란 인간뿐만이 아니고 생물에만 국한되지도 않았다. 그는 생명을 가진 모든 존재를 중생으로 여겼다. 알에서 태어나든, 탯줄을 달고 태어나든, 습한 곳에서 태어나든, 아무 과정도 거치지 않고 홀연히 태어나든, 아니면 형상이 있든 없든, 생각이 있든 없든, 생각이 있는 것도 아니고 없는 것도 아니든, 부처 앞에서는 모두가 중생이었다.

 눈을 감고 부처의 이 말에 따라 중생의 세계를 상상해 보라. 흑인종, 백인종, 황인종, 고양이, 개, 호랑이, 하마, 토끼, 꽃, 풀, 바위, 지구, 태양, 달, 미생물 등등 중생으로 열거할 수 있는 것이 무수히 많다.
 이런 생각이 든다면, 자신이 살고 있는 이 환경이 나 혼자만의 집이 아니고, 나 혼자만의 동네가 아니며, 나 혼자만의 도시도, 사무실도, 친구도, 국가도, 인종도 아님을 깨달을 것이다. 우리 모두는 수많은 사람, 수많은 풀과 나무 사이, 무수히 많은 동물, 이름이 있거나 이름이 없는 존재들 중 아주 작은 하나일 뿐이다.
 이것을 깨달은 뒤에는 지금까지 보이지 않았던 것들을 새롭게 발견하게 될 것이다. 예전에는 내 아이만 걱정하던 사람이 이제는 이웃의 아이, 다른 나라의 아이까지 걱정하게 될 것이고, 세상에 수없이 많은 아이가 세계 각지에서 각기 다른 방식으로 살아가고 있음을 느끼고, 물고기와 새 같은 작은 동물들도 자연 속에서 함께 생존하고 있음을 새삼 깨달을 것이다. 세상을 가득 채운 형형색색의 생명들을 보며 광활한 세상을 발견하고, 그들의 소리에 귀를 기울이게 될 것이다.

산다는 것은 고통이지만, 고역은 아니다. 인생은 체험이자 관조다. 체험과 관조를 통해 우리는 더 넓고 깊은 존재가 될 것이다.

그렇다. 우리는 신선도 아니고 슈퍼맨도 아니다. 그저 지금 이 자리에 살고 있는 평범한 인간일 뿐이다. 하지만 눈앞에 보이는 것에만 집착하지 않고, 작은 이익에 연연하지 않는다면 언제 어디에서든 더 넓은 존재를 느끼고, 무한한 존재를 체험할 수 있다. 아득히 넓은 세상에서 자신은 아주 작은 한 점일 뿐이며, 지금 자신을 괴롭히는 번뇌도, 환호하게 하는 기쁨도 모두 하찮고 사소한 것임을 알게 될 것이다.

●

산다는 것은 고통이지만, 고역은 아니다.
인생은 체험이자 관조다.
체험과 관조를 통해
우리는 더 넓고 깊은 존재가 될 것이다.

나는 어디에
갇혀 있나

부처는 깨달음을 얻은 사람은 아무것에도 집착하지 않는다고 하였다. 보시를 할 때도 집착을 버리고, 보시를 하면서도 자신이 보시를 하고 있다고 생각하지 않으면 그로 인해 무한한 복덕을 얻을 것이라고 하였다. 그런 다음, 부처가 수보리에게 또 물었다.

"수보리야, 동쪽 허공이 얼마나 넓은지 상상할 수 있느냐?"

수보리가 동쪽을 쳐다보았다. 아마 그의 눈에 보인 것은 다른 사람들과 기둥, 벽이었을 것이다. 그 이상은 눈에 보이지 않았다. 하지만 눈으로 볼 수 없다고 해서 그곳이 끝인 것은 아니었다. 벽 너머에 숲이 있고, 숲을 지나면 큰길이 있고, 큰길은 바다로 향하고, 바다가 수평선까지 흐르고도 더 동쪽으로 가면, 아득한 우주가 펼쳐져 있을 것이다. 그래서 수보리가 대답하였다.

"상상할 수 없사옵니다."

부처가 남쪽, 북쪽, 서쪽에 대해 차례대로 물어보자, 수보리는 곧 선정에 들어가 남쪽, 북쪽, 서쪽을 바라보았다. 그에게 보이는 것은 무한한 광활함뿐이었다. 그래서 그는 어떤 방향이든 모두 헤아릴 수 없다고 대답하였다.

부처의 물음은 그저 비유였지만, 언제 어디에서든 마음을 수행하는 방법을 알려 준 것이기도 하였다. 아무리 좁은 곳에 있어도 선정을 통해 수많은 장애물을 넘어 무한한 광활함을 볼 수 있다.
정류장에서 버스를 기다리고 있든, 혼자 거실에 앉아 있든, 따분한 회의실에 앉아 있든, 거리를 걷고 있든, 언제 어디에서든 마음을 차분하게 하고 동서남북 사방을 둘러보라. 눈으로 보고, 마음을 통해 무한히 넓은 공간을 느끼고, 자신과 함께 존재하는 무수히 많은 사물을 상상해 보라.

이런 상상과 관조는 마음을 탁 트이게 하는 효과가 있을 뿐 아니라, 천지 만물의 진정한 모습이 우리 눈에 보이는 그대로가 아닐 수도 있으며, 우리 눈으로 볼 수 없고 상상할 수 없는 것들이 있음을 깨닫게 해 줄 것이다.

사람의 육신은 부엌, 사무실, 교실 같은 좁은 공간 안에 갇혀 있을 수밖에 없다. 대부분의 사람은 집, 차, 상점 같은 인공적인 공간 사이를 돌아다니고, 직장과 가정 사이를 오간다. 하지만 헨리 데이비드 소로는 "세상이 이곳에만 국한되지 않는다는 사실에 말할 수 없는 감사함을 느낀다"라고 말하였다.

우리 눈에 보이는 공간 외에도 광활한 세상이 펼쳐져 있다. 반드시 시간과 돈이 있어야만 이 좁은 울타리에서 빠져나가 더 넓은 세상을 느낄 수 있는 것은 아니다. 소로가 금강경을 읽어 보았을 리는 없지만, 그의 생각은 부처의 말과 완전히 일치한다. 소로는 말하였다.

"시선을 마음속으로 돌리면 마음속에서 지금까지 발견하지 못한 천 개의 공간을 발견하게 될 것이다."

간단하지만 효과적인 방법이다.

어느 곳에서 무엇을 하고 있든 소로의 말을 생각해 보라. 세상은 이것으로 끝이 아니다. 이보다 훨씬 넓은 세상이 펼쳐져 있다. 부처가 수보리에게 동서남북을 상상하게 한 대목을 떠올려 보아도 괜찮다. 수보리는 상상만으로 동서남북 사방이 헤아릴 수 없이 넓다는 것을 알았다. 라마교 밀종의 가장 기초적인 수련법인 '관십방허공(觀十方虛空)'도 이와 비슷하다.

어느 곳에 있든 좁은 점 안에 갇혀 있는 듯 갑갑하다면, 고개를 살짝 들어 올려 허공을 응시하며 사방을 둘러보라. 모든 사물이 그 허공 안에 있다. 자신이 머물러 있는 공간 외에 헤아릴 수 없이 넓은 세상이 펼쳐져 있다는 것을 깨닫고 나면 두려움이 사라질 것이다. 나를 옭아맬 수 있는 것은 자기 마음, 바로 이 한 가지 외에는 없다.

●

어느 순간 갑갑함을 느낀다면,
고개를 들어 허공을 응시하라.
내가 머물러 있는 공간 너머로 드넓은 세상이
펼쳐져 있다는 것을 깨달아라.
나를 가두는 것은 오직 내 마음뿐이다.

시간이란
무엇인가

금강경의 첫머리에서 '일시(一時)'라는 시간 개념이 등장한다. '일시'란 '어느 때'를 의미한다. 그 뒤 부처가 설법을 하는 대목에서도 여러 가지 시간 개념이 나오는데, 그 개념들은 앞에서 말한 '일시'와는 완전히 다르다.

부처는 어느 특정한 시간이 아니라, 점점 길어지는 시간 개념을 언급해 헤아릴 수 없이 긴 시간을 표현하고자 하였다. 처음에는 "여래가 멸한 후 오백세(五百歲)"라고 하고, 그 뒤에 또 "장차 오는 세월의 오백세"라고 하였다. '오백'이라는 말이 구체적인 시간 개념이기는 하지만, 앞에 나오는 일시와 비교하면 아득하게 긴 시간이다.

오백 년은 부처가 열반에 든 뒤 다섯 번째 오백 년, 즉 '말법(末法, 부처가 열반에 든 뒤 정법(正法), 상법(像法)이 지나고 찾아오는 혼탁한 시대)' 시대의 첫 오백 년을 의미한다. 부처는 이 시기에 금강경의 말을 그대로 믿는 사람들이 나타날 것이라고 하였다.

그들은 한 부처나 네다섯 부처에게 선근(善根, 복을 받을 만한 선한 일)을 심은 것이 아니라, 헤아릴 수 없이 아득히 많은 전생에 천만 부처에게 선근을 심은 사람들이라고 하면서, 부처는 '무량천만불(無量千萬佛)'이라는 표현을 썼다. 무량천만불이란 또 얼마나 긴 시간일까? 구체적으로 계산할 수는 없지만, 아득히 긴 시간일 것이다.

더욱 계산하기 힘든 것은 '무량백천억겁(無量百千億劫)'이라는 말이다. '겁(劫)'이란 불교에서 특정한 시간 개념을 의미하는 것으로 소겁, 중겁, 대겁으로 나뉜다. 그중에서도 불경에서 '겁'이라고 하면 대부분 대겁을 의미한다. 대겁이란 지구가 한 번 생성되었다가 소멸될 때까지의 시간이다.

부처는 무량백천억겁의 시간 동안 육신으로 보시하는 것보다도 금강경을 쓰고 이해하고 실천하고 독송하고 남에게 해석해 주는 편이 더 많은 복덕을 얻을 수 있다고 하였다. 그 뒤에서 부처는 또 "과거 무량아승지겁(無量阿僧祇劫)을 생각하니 팔백사천만억 나유타(고대 인도의 수량사로 '조'에 해당함)의 여러 부처를 만나서 모두 다 공양하고 받들어 섬겼으되 헛되이 지냄이 없었다"라고 하였다.

'아승지'란 끝없이 긴 시간을 의미하는데, 앞에 '무량'이라는 말을 덧붙였으니 그의 과거가 얼마나 오랜 시간이었을지 상상조차 할 수 없다.

시간이란 무엇인가?

아우구스티누스는 "시간은 무엇인가? 아무도 묻지 않으면 분명히 알지만, 남에게 설명하려고 하면 아득하여 알 수 없다"라고 하였다. 스티븐 호킹의 《시간의 역사》를 읽어 보면 시간의 역사를 알 수 있을까? 시간에도 역사가 있을까? 시간의 역사를 어떻게 기록할 수 있을까? 흥미로운 책임에는 틀림없다. 하지만 몇 페이지 넘겨 보면 기대와는 다른 책임을 알 수 있다. 그 책은 시간이 아니라 우주에 관한 이야기를 하고 있다. 호킹에게 시간은 곧 우주이며, 우주의 시작과 끝이 바로 시간인 것 같다.

금강경에 나오는 "과거의 마음도 얻을 수 없고, 현재의 마음도 얻을 수 없고, 미래의 마음도 얻을 수 없다"라는 말과 비슷하다. 아인슈타인도 "물리학을 믿는 나와 같은 사람들은 과거, 현재, 미래의 구별이란 단지 고질적인 환상일 뿐이란 사실을 알고 있다"라고 하였다.

시간이란 영원히 멈추지 않고 지속되는 것이다. 현재는 곧 과거가 될 것이고, 과거도 한때는 미래였다. 시간은 무한히 흐르고 순환한다. 부처는 생명 윤회의 비밀을 발견하고, 모든 생은 그저 하나의 단계이자 찰나이며, 그전에 수많은 전생이 있고, 그 후에도 무수히 많은 내세가 있다고 하였다.

진정한 깨달음을 얻고 최고의 경지인 열반에 도달해야만 이 윤회에서 벗어나 시간이 존재하지 않게 된다. 깨달음을 얻은 사람에게 시간이란 그저 허무한 환상일 뿐이다.

누구나 시간에 쫓기며 살아간다. 마르그리트 뒤라스는 "나는 일생 동안 시간을 어떻게 낭비하는지 배우며 살았다"라고 하였다. 사실 아무리 재촉해도 그 앞에는 또 시간이 있고, 아무리 낭비해도 시간은 끊임없이 사람을 매몰시킨다. 시간은 인생이자 존재 그 자체이다. 그러므로 매 순간 우리의 인생이 흐르고 있다.

아무리 따분하고 아무리 고통스러워도 인생이 흘러가는 과정일 뿐이며, 좋고 나쁨도 없다. 부처는 "과거의 마음도 얻을 수 없고, 현재의 마음도 얻을 수 없고, 미래의 마음도 얻을 수 없다"라고 하였다. 우리가 얻을 수 있는 것은 그저 지금 바로 이 순간뿐이다.

만약 시간을 잘 쓰는 법칙이 있다면, 단 한 가지뿐일 것이다. 기다리지 말고, 미련을 갖지도 말고, 두려워하지도 말고, 지금 이 순간을 느끼고 즐기는 것이다. 매 순간 인생이 흐르고 있다. 병들었든 건강하든, 기쁘든 슬프든, 아무것도 저항할 수 없다. 모든 일과 감정이 인생 그 자체의 선율이다. 그대로 받아들이라. 인생의 모든 아름다움을 받아들이면 생명의 희열을 느낄 수 있을 것이다.

●

아무리 따분하고 고통스러워도
인생이 흘러가는 과정일 뿐이며, 좋고 나쁨도 없다.
과거의 마음도, 현재의 마음도, 미래의 마음도
모두 부질없다.
우리는 오직 지금 이 순간을 살 뿐이다.

4장

아무
조건 없이
사랑하라

·

외부의 충격을 해소하기 위한 질문들

무엇을 위해
노력해야 하는가

부처는 "모든 중생이 생사윤회에서 벗어나 열반의 경지에 도달하도록 제도했다"라고 말하였다. 부처가 바라는 것은 오로지 중생의 해탈이었고, 자신을 위한 마음은 조금도 없었다.

보통 사람들이 불법을 따르고자 하는 것은 자기 자신을 위함이다. 가장 낮은 차원은 부처를 신령한 존재로 보고 공양하는 것이다. 채식만 하면서 불법의 계율을 지키고 재물을 내어 시주하는 것은 모두 부처의 환심을 사서 일신의 평안과 부귀를 구하려는 것이다.

그보다 약간 높은 차원이라면, 수행을 통해 눈에 보이는 현상에 대한 집착을 버리고 청정한 경지에 도달하고자 하는 것이다. 이를 '소승(小乘)'이라고 한다.

가장 높은 경지는 바로 부처가 여기에서 말한 것처럼 자기 자신이 아니라 중생의 해탈을 위해 수행하는 것이다. 이를 자비심 또는 '대비심(大悲心)'이라고 한다.

이른바 보리심을 가지려면 자비로운 마음이 필요하다.

월칭대사(고대 인도 대승 불교의 유명한 승려)는 "유치한 사람은 사사로운 이익을 위해 고되게 일하고, 부처는 오로지 남을 위해서만 노력한다"라고 하였다.

남을 위해 노력하는 사람은 남에게 기쁨을 줄 뿐 아니라, 자기 자신도 고통과 번뇌에서 벗어날 수 있다. 자신의 이익을 포기하고 중생을 포용하면, 중생은 더 넓은 아량으로 나를 받아들일 것이다.

옛날 티베트 고승 절객와(切喀瓦)가 임종 직전에 옆에 있던 제자 사궁와(謝穹瓦)에게 이렇게 말하였다.

"한탄스럽도다! 내가 바라던 결과를 얻지 못하였구나. 나를 대신해 삼보(三寶)를 공양하거라."

사궁와가 물었다.

"무엇을 바라셨습니까?"

절객와가 말하였다.

"모든 중생의 고통이 검은 연기처럼 내 마음속으로 모이기를 기도하였다. 하지만 지금 내 눈앞에 정토(淨土, 부처나 보살이 사는, 번뇌의 굴레를 벗어난 아주 깨끗한 세상)가 보이는구나. 이것은 내가 바라던 것이 아니다."

달라이 라마 2세 겐둔 갸초가 임종할 때, 그의 제자들이 그에게 정토로 갔다가 다시 인간 세상으로 돌아와 달라고 청하였다. 그러자 겐둔 갸초가 이렇게 말하였다.

"나는 정토로 가기를 바라지 않는다. 나의 바람은 중생들이 고통받는 혼탁하고 더러운 세상으로 환생하는 것이다."

대승 불교의 유명한 승려 용수대사도 "남들이 저지른 악행이 모두 나에게 모이고, 모든 선의 과보는 남들에게 가기를 바란다"

라고 말하였다.

●

남을 위해 노력하는 사람은
남에게 기쁨을 줄 뿐 아니라,
자신도 고통과 번뇌에서 벗어날 수 있다.
자신의 이익을 포기하고 상대를 포용하라.
상대는 더 넓은 아량으로 나를 받아들일 것이다.

타인을
어떻게 대해야 하는가

생명을 가진 모든 존재는
소원을 들어주는 보석보다 귀합니다.
내가 모든 중생의 행복을 위해 일하고
항상 그들을 사랑하게 하소서.

옛날 티베트의 고승 랑리 탕파가 쓴 《수심팔구의(修心八句義)》
의 첫 단락이다. "모든 중생이 생사윤회에서 벗어나 열반의 경지
에 도달하도록 제도하였다"라는 금강경의 말과 일맥상통하는 구
절이다.

랑리 탕파는 또 "태어나는 생마다 비구가 되어 중생을 제도하고 싶다"라고 말하기도 하였다. 자비심이란 우리 개인의 슬픔과 기쁨, 개인이 가지고 있는 모든 것이 중생 앞에서는 하찮아지는 것을 의미한다. 자비의 유일한 목표는 중생이 고통에서 벗어나 기뻐하는 것, 바로 중생의 해탈이다.

가장 높은 차원의 자비심은 완전한 무아(無我)의 경지에 이르는 것이다. 다시 말해, 자신의 육신과 속세에서 가진 모든 것을 내주는 것이다. 용수대사가 쓴 《대지도론》에 이런 이야기가 나온다.

욕심 많은 거지들이 보살의 눈, 머리, 아내 등 귀한 것들을 속여서 빼앗았지만, 보살은 그들을 가엾게 여기며 화내지도 않고, 의심하지도 않고, 그들에게 전부 내주었다. 심지어 굶주린 호랑이를 만나자 보살은 자신의 육신을 호랑이 먹이로 내주었다.

보통 사람들이라면 "설마 호랑이에게 나를 먹이로 내주란 말인가?", "설마 거지들이 나를 속여도 보시해야 한다는 말인가?"라고 반문할 것이다. 이런 의구심이 드는 것은 마음속에 '나'가 있기 때문이다.

하지만 보살의 자비는 계산과 고민을 거쳐 나온 것이 아니며, 무조건적으로 베푸는 것이다. 보살은 언제 어디서에든 모든 것에 자비심을 가지고 대하며, 그들에게는 자아가 없다. 보살은 생명이 무한한 흐름의 일부라는 것을 알기 때문에 죽음을 두려워하지 않는다. 주저하지 않고 자기 육신을 내주는 것도 육신이 그저 껍데기일 뿐이며, 이번 생을 살아가는 형식이라는 것을 알기 때문이다. 그런데 더 깊이 들어가 본다면 보살은 자신을 희생하는 동안 사실 더 깊은 '자아'를 얻게 된다.

물론 그건 보살이니까 가능한 일이며, 우리처럼 평범한 사람은 호랑이에게 기꺼이 잡아먹힐 수도 없고, 귀한 물건을 거지에게 줄 수도 없다고 항변하는 사람도 있을 것이다.

그렇다. 평범한 우리는 스스로 보살이 될 생각이 없으며, 보살에게 도움을 받기만을 원한다. 또 전생과 내세를 알지 못하고, 오로지 현생을 위해서만 생각하고 행동한다.

좋다. 그러면 현생만을 놓고 생각해 보자. 우리는 타인과 다양한 관계를 맺으며 살아간다. 누구도 갖가지 관계에서 벗어날 수 없으며, 어떤 관계를 맺고 있느냐에 따라 일의 성패가 결정되고는 한다. 관계가 경색되고 충돌하면 여러 문제가 일어나 발전을 가로막고, 관계가 부드러워지면 개인적인 발전에 도움이 된다.

그러므로 자비심은 큰 힘을 가지고 있다. 호랑이에게 스스로 잡아먹힐 수도 없고, 자기 것을 무조건 거지에게 보시할 수는 없지만, 자비심을 품고 있으면 타인의 모든 행동을 너그럽게 바라보고 타인의 불행을 동정할 수 있다.

그렇다면 우리는 남들이 나를 어떻게 대할지 두려워할 필요가 없다. 남이 나에게 어떻게 하든 내 마음속에 자비가 깃들어 있기 때문이다. 자비심을 가지고 모든 생명을 바라보고, 더 나아가 모든 존재를 대한다면, 혹시 남에게 속임을 당하지 않을지, 내가 손해를 보지는 않을지, 내가 상처를 입지는 않을지 두려워할 필요가 없다. 자비는 세상을 더 따뜻하고 온유하게 만들고, 사리사욕 없는 전체 안에 우리 개개인을 융화시켜 줄 것이다.

●

자비심으로 남을 대하는 사람은
남이 나를 어떻게 대할지 두려워할 필요가 없다.
남이 어떻게 대하든
내 마음속에 자비가 있기 때문이다.
자비는 마음에서 두려움을 없애고
세상을 온유하게 만든다.

내가 가진 전부를
내줄 수 있는가

이쯤에서 살바달 왕의 이야기를 해야 할 것 같다.

살바달 왕이 자비심으로 나라를 다스리자 제석천(불법의 수호신)은 자신의 자리를 그에게 빼앗길까 봐 걱정이 되었다. 그는 한 시종을 비둘기로 변하게 하고 자신은 매로 변신해 살바달 왕을 찾아갔다.

매가 비둘기를 바짝 쫓아가자 비둘기가 왕궁으로 도망쳐 살바달 왕에게 구원을 요청하였다. 살바달 왕은 두려움에 벌벌 떨고 있는 비둘기를 가엾게 여겨 숨겨 주었다. 잠시 후 매가 날아와 살바달 왕에게 말하였다.

"제가 지금 몹시 배가 고프니 비둘기를 돌려주십시오."

살바달 왕이 말하였다.

"모든 중생을 구도하겠노라고 맹세했으므로 비둘기를 줄 수 없다."

"모든 중생을 구도하겠다고요? 그렇다면 저도 중생이 아닙니까? 곧 굶어 죽을 만큼 배고픈 저를 왜 구도해 주지 않으십니까?"

"그럼 다른 고기를 주겠다."

"좋습니다. 하지만 갓 잘라 낸 신선한 고기가 아니면 저는 먹지 않습니다."

살바달 왕은 난처하였다. 신선한 고기를 얻기 위해 다른 동물을 죽인다면, 비둘기를 구해 준 것이 아무 의미가 없었다.

살바달 왕은 잠시 고민하다가 자신의 살을 잘라 내 매에게 주었다. 살을 계속 잘라서 주었지만 매가 원하는 양을 채울 수 없었고, 살바달 왕은 결국 자기 몸의 살점을 모두 잘라서 내준 뒤 혼절하고 말았다.

제석천이 제 몸으로 다시 돌아와 쓰러져 있는 살바달 왕을 깨우며 물었다.

"이토록 비범한 선행을 행하는 이유가 무엇입니까? 전륜성왕 (인도 신화에서 세계를 통일해 지배하는 이상적인 제왕)이 되려는 것입니까, 제석천이 되려는 것입니까?"

그러자 살바달 왕이 대답하였다.

"나는 그중 어떤 것도 바라지 않는다. 나는 중생을 제도하길 바랄 뿐이다."

살바달 왕의 이 말은 "존재하는 모든 것을 사랑한다"라는 말과도 일맥상통한다. 존재하는 모든 것에 베푸는 사랑, 이것이 바로 자비이다.

또 다른 국왕의 이야기가 있다.

파라내국에 파야왕이 있었다. 그도 자비심으로 나라를 다스려 백성들이 평화롭게 살았다. 그런데 이웃 나라가 파라내국을 빼앗기 위해 전쟁을 일으키려고 하였다.

파야 왕은 전쟁이 일어나면 자기 한 사람 때문에 무고한 백성들이 수없이 죽고 다칠 것이라고 생각해 차마 전쟁에 응할 수가 없었다. 그는 자기 목숨을 버릴지언정 자비심을 버릴 수는 없었다. 그래서 그는 자기 머리를 잘라 바라문에게 주며 이웃 나라 국왕에게 가져다 바치라고 하였다.

마침내 그의 희생으로 전쟁을 막을 수 있었다. 다시 말하면, 이는 자비심으로 전쟁을 막은 것이기도 하였다. 파야 왕은 자기 생명과 통치권을 버려 많은 사람의 생명과 생활권을 지켜 냈다.

세상에서 벌어지고 있는 전쟁이 민족과 국가를 명분으로 내걸지만, 사실 그중 대부분은 통치자의 권력을 위한 것이다. 전쟁이 일어날 일촉즉발의 위기에서 파야 왕은 성자로서의 길을 택하였다. 그에게 전쟁을 막을 힘은 없었지만, 자신의 권세와 생명을 내줄 용기가 있었기에 망설임 없이 현생의 생명을 포기할 수 있었다.

●

존재하는 모든 것을 사랑하는 마음, 이것이 자비이다.
자비는 선택이다.
내가 가진 것을 지킬 것인가, 아니면 내려놓을 것인가?
자비는 용기이다.
나는 내가 가진 모든 것을 내려놓을 수 있는가?

5장

·

불평등한
인생을
받아들여라

·

평정심을 기르기 위한 질문들

왜 괴로움이
끝나지 않는 것인가

지금 있는 자리에서 사방을 둘러보면 나무나 집, 사람들만 보일 것이다. 또 그들을 보면서 이것은 사람이고 저것은 강아지, 이것은 집이고 저것은 나무, 이것은 남자고 저것은 여자 등등 그들을 구분하게 될 것이다. 그런 분별은 지극히 당연한 것이며, 우리는 지금껏 그것들을 의심해 본 적도 없다.

우리는 이런 분별 속에 살고 있다. 좋음과 나쁨, 아름다움과 추함, 부유함과 가난함, 새것과 헌것, 성공과 실패, 해야 하는 것과 해서는 안 되는 것 등등…. 우리 마음속에서 시시각각 모든 존재를 구분 짓고, 그 뒤에는 자연스럽게 슬픔과 기쁨, 좋음과 싫음 등의 감정이 따라온다.

부처는 "모든 중생"이라고 하였다. '모든'이라는 말에는 천지 만물이 다 포함된다. 시작과 결과, 그 시작의 시작, 시간의 처음, 그 결과의 결과, 시간의 끝까지 다 아우르며, 경계 안에 있는 것과 경계 밖에 있는 것까지 모두 다 포용한다.

중생이란 생명을 가진 존재, 더 나아가 모든 존재를 의미한다. 부처의 눈을 천안(天眼)이라고 부르는 것도 이 때문이다. 부처는 모든 현상을 깊이 통찰하고 존재의 가장 깊숙한 곳으로 파고들어 간다. 부처는 무한한 전체를 담담하게 관조한다. 지켜보되 그 어떤 판단도 내리지 않고, 지위의 높고 낮음이나 신분의 귀천을 분별하지 않으며, 모든 존재를 하나로 평등하게 바라본다.

부처는 "내가 무수히 많은 중생을 제도했지만, 실제로 해탈을 얻은 중생이 없다"라고 하였다. 그는 모든 생명과 존재를 꿰뚫어 보았다. 그의 앞에서는 형형색색의 존재들이 더없이 단순해졌고, 모든 존재가 똑같이 제도되었다. 부처가 '나'라는 말을 쓰기는 했지만, 그 '나'라는 자아의 욕구는 흔적도 없이 사라지고, 그 '나'가 바라는 것은 오로지 중생이 행복해지는 것뿐이었다.

중생을 수없이 제도했지만 해탈을 얻은 중생이 없다는 부처의 말도 역시 철저한 평등이며 아무것도 차별을 두지 않는 마음에서 우러나온 것이다. 그에게는 중생이 곧 부처다. 중생에게 본래 불심이 있는데 굳이 바깥의 것을 가지고 그들을 제도할 필요가 있을까? 또한 진정한 자비심을 가지고 '중생을 제도하면' 결국에는 중생도 환상일 뿐임을 알게 된다. 중생을 제도했다고 하기보다 중생이 헛된 환상임을 깨닫는다고 말하는 편이 더 정확하다.

이것이 바로 반야이며, 속세를 벗어난 지혜이다. 보리심에 자비로운 마음뿐이라면 그 역시 집착이며, 헛됨을 볼 수 있는 지혜로운 관조가 수반되어야 한다.

아이, 노인, 거지, 미녀, 돌멩이, 꽃을 보면 무엇이 보이는가? 그 형태와 색을 꿰뚫어 보고 전체를 통찰하는 마음으로 그것들을 느낄 수 있다면, 그것만으로도 이미 미혹된 마음의 길에서 벗어나 보리심이 생겨나고 있는 셈이다.

●

지금 무엇이 보이는가?
아이, 노인, 거지, 미녀, 돌멩이, 꽃?
그것이 무엇이든 그 형태와 색을 꿰뚫어 보고
전체를 통찰하는 마음으로 보라.
분별하려는 순간 번뇌가 오고,
차별 없이 받아들일 때 번뇌가 사라진다.

모두에게 평등한 것은 무엇인가

누가 감히 이 세상을 불평등하다고 할 수 있을까? 황제든 농부든, 부자든 가난뱅이든, 어떤 인생을 살든, 누구나 죽어 아무것도 없는 상태로 돌아간다.

죽음이란 그 무엇보다도 안정된 것이다. 권력, 재물, 용모는 수시로 변화하며 잃을 수도 있고 얻을 수도 있다. 결코 변치 않고 누구나 똑같이 받아들여야 하는 것은 오직 죽음뿐이다.

조물주는 우리에게 제각각 다른 삶을 부여하였다. 용모도 지능도 저마다 천차만별이다. 인생이 평등하다는 것은 장밋빛 꿈일 뿐이다. 사실 인생은 불평등하다.

어떤 부모에게서 태어나느냐에 따라 인생이 달라진다. 어떤 아버지는 곧 사회에 진출할 딸에게 "세상은 불평등으로 가득 찬 곳이다"라고 말했다고 한다. 마르크스 시대의 탁월한 사상가인 짐멜은 장미를 예로 들어 평등한 사회는 있을 수 없음을 설명하였다. 한 국가 또는 도시의 모든 사람이 똑같은 장미를 가질 수는 없다. 평등이란 끊임없이 추구할 수는 있지만, 실현할 수는 없다.

장수하는 사람이 있으면 요절하는 사람도 있고, 똑똑한 사람이 있으면 어리석은 사람도 있으며, 높고 험준한 산이 있으면 야트막한 구릉도 있고, 작은 시내가 있으면 큰 바다도 있다.

결국 모든 사람에게 똑같이 주어지는 것은 죽음뿐이다. 죽음 앞에서만이 모든 이가 평등하다. 인간 세상의 모든 것은 죽음이 있기에 영원한 '공(空)'이 된다. 모든 것은 '공'에서 와서 '공'으로 돌아간다. 아무런 차별도 없고, 귀천도 없으며, 높고 낮음도 없다.

그래서 금강경에서 "이 법이 평등하다"라고 하였다.

●

인간은 용모도 지능도 저마다 천차만별이다.

인생이 평등하다는 것은 장밋빛 꿈일 뿐이다.

사실 인생은 불평등하고,

끊임없이 평등을 추구할 수는 있지만 실현할 수는 없다.

오로지 죽음 앞에서만이 모든 이가 평등하다.

어떻게 본래 상태의
내가 될 수 있는가

부처가 금강경에서 말하기를 "설법이란 설할 만한 게 없다는 것이다. 그래서 설법이라 한다"라고 하였다. 설법을 하는 사람이 사실 절대적인 법을 이야기하는 것이 아니며, 그렇기 때문에 '설법'이라고밖에 할 수 없다는 뜻이다.

금강경에서 부처가 한 말만 해도 한자로 5,000자가 넘고, 다른 불경에서 말한 것까지 모두 합치면 아마 수천수만 자는 될 것이다. 그럼에도 부처는 "설할 만한 게 없다"라고 하였다. 다른 곳에서는 심지어 "내가 40년 넘게 설법을 했지만 사실 아무것도 말한 게 없다"라고 하였다.

그렇게 많은 이야기를 하고 심오한 사상 체계를 세웠지만, 부처는 자신이 아무것도 말하지 않았다고 하였다. 들을수록 이상하지 않은가?

수보리가 부처에게 어떻게 하면 보리심을 지키고 헛된 마음을 없앨 수 있느냐고 물었다. 그러자 그는 중생을 제도하고 싶었지만 해탈을 얻은 중생이 없다고 대답하였다. 얼핏 들으면 동문서답인 듯하다. 그러나 부처의 사상적 기초를 이해한다면, 부처의 이 말이 조금도 이상할 게 없고 하물며 동문서답도 아님을 알 수 있다.

부처가 세운 사상의 최종적인 목표는 해탈이다.

무엇으로부터의 해탈일까?

세상의 번뇌와 생사의 윤회로부터의 해탈이다.

해탈한 후에 어떤 경지에 도달할 것인가?

부처의 경지, 맑고 깨끗한 경지, 그리고 그가 늘 말하는 성불의 경지에 도달할 수 있다.

해탈했다면 우리는 또 다른 무언가가 되지 않아도 되며, 본래의 모습으로 돌아가기만 하면 된다. 부처는 모든 중생이 본래 맑고 깨끗한데, 헛된 마음 때문에 본성을 잃고 불안정하게 세상을 떠돌아다니는 것이라고 하였다. 본래의 모습으로 돌아가는 방법은 모든 집착을 내려놓는 것이다.

그러므로 이른바 '불성' 또는 '불법'이란 대단히 높은 이치도 아니고, 현묘한 도리도 아니다. 그저 이곳에도 있고 저곳에도 있는 진실한 모습이다. 부처는 무엇을 더하지도, 빼지도 않았다. 그저 헛된 환상을 한 꺼풀씩 벗겨 내며, 이 세상은 원래 이런 곳이고, 우리의 존재가 원래 이렇다고 보여 줄 따름이다. 그는 그저 인도자일 뿐이며, 그의 말대로 아무것도 설하지 않았다.

이른바 불성이나 불법은 사실 신비한 것도 아니고, 진귀한 것도 아니며, 모든 중생이 품고 있는 지극히 평범한 것이다. 누구든 불성과 해탈의 힘을 가지고 있다. 부귀하다고 해서 그 힘이 더 강하지도 않고, 가난하다고 해서 그 힘이 더 약하지도 않다.

이 때문에 부처는 "내가 무수히 많은 중생을 제도했지만, 실제로 해탈을 얻은 중생이 없다"라고 말한 것이다.

금강경에서 "이 법이 평등하다"라고 한 이유도 바로 여기에 존재한다.

●

모든 생명의 본성은 맑고 깨끗하다.

헛된 마음이 그 본성을 잃고 불안정하게
세상을 떠돌게 만든다.
그러니 본래의 나로 돌아가라.
방법은 모든 집착을 내려놓는 것이며,
그것은 누구나 할 수 있는 일이다.

6장

·

모든
집착을
내려놓아라

·

초조하지 않게 살기 위한 질문들

깨달음은
어디에 있는가

나는 아직 살아 있고, 지금 자판을 치며 금강경에 관한 책을 집필하고 있다. 나는 아직 너무 늙은 나이가 아니며, 단순하고 명확한 과거를 가지고 있다. 나는 내 과거를 몇 년 몇 월에 태어나, 몇 년 몇 월에 대학을 졸업하고, 몇 년 몇 월까지 어느 회사에 다녔으며, 또 몇 년 몇 월에 어떤 직무를 맡았다는 식으로 열거할 수 있다.

나는 또 많은 생각과 감정을 가지고 있고, 밥을 먹지 않으면 배가 고프고, 남을 사랑하기도 하고, 슬퍼하기도 하고, 즐거워하기도 한다. 태어나서 지금까지 나는 '페이융'이라는 이름을 가지고 이 세상에서 줄곧 살아왔으며 교수, 언론사의 관리자, 남자 등의 신분을 가진 적이 있거나 지금도 가지고 있다.

나를 경계 지을 수 있는 속성이 아주 많다. 나는 신기루 같은 환상도 아니고, 거울 속에서, 남들의 눈동자 속에서 나 자신을 실제로 볼 수 있다.

또 나는 남들과 함께 살고 있다. 수많은 사람이 나와 함께 있다. 나의 동료나 친구도 있고, 여행에서 우연히 만난 사람도 있으며, 한 번도 만난 적 없는 사람들도 있다. 한마디로 나는 인류라는 거대한 집단 속의 한 구성원이다.

내 눈에 보이든 보이지 않든, 모든 사람은 실제로 이 세상에 살고 있다. 바로 지금 내가 있는 연구실의 창밖으로 아이들이 보이고, 그 너머로 거리의 행인들이 보인다. 남녀노소 다양한 사람들이 제각각 제 갈 길로 가고 있다. 그들은 실제로 존재하며, 나는 그들의 이목구비, 키, 옷차림 등을 볼 수 있다.

사람 외에 다른 존재물도 있다. 그것들도 역시 내 눈으로 볼 수 있고, 귀로 들을 수 있고, 손으로 만질 수 있다. 풀, 동물, 강물, 건물, 거리, 자동차, 전신주, 펜, 종이, 유리잔 등등 이 모든 것이 우리의 일상생활 속에 존재하며, 누구도 그것을 가짜라고 말하지 않는다.

나는 거의 무형인 시간을 느낄 수 있다. 내가 늙어 가고 있음을 실감하고, 남들이 늙어 가고 있음을 느끼며, 내 주변의 모든 것이 시시각각 변화하고 있음을 알기 때문이다. 어떤 사람은 여든 살까지 살고, 어떤 사람은 서른 살밖에 살지 못한다. 또 어떤 왕조는 100년 만에 끝이 났지만, 어떤 왕조는 200년간 이어졌다.

누구나 인생이 오래 계속되기를 바라고, 자신이 좋아하는 것이 영원히 사라지지 않기를 바란다. 날마다 내 눈앞에서 해가 떴다가 지고, 또 떴다가 진다. 달빛이 버들가지 끝에 걸리는 것도 볼 수 있다. 이처럼 시간은 실제로 존재한다.

부처 앞에서 이렇게 말하면 부처는 말없이 빙그레 미소를 짓겠지만, 나는 그 미소에 담긴 뜻을 알 수 있을 것 같다. 부처는 아마 속으로 '그건 그저 네가 느끼는 것일 뿐, 존재의 진실한 모습은 네가 보는 것과 다르다. 넌 깨달음을 얻으려면 아직 멀었구나'라고 말할 것이다.

부처는 "보살의 마음속에 자아의 상, 타인의 상, 중생의 상, 생명이 존재하는 시간의 상이 있다면 그는 보살이 아니다"라고 하였다. 그런데 내가 앞에서 말한 것들이 모두 자아의 상, 타인의 상, 중생의 상, 생명이 존재하는 시간의 상에 속한다. 부처의 말대로라면 나는 보살이 아니다.

보살이란 무엇인가? 보살은 산스크리트어로 '보디사트바(Bodhisattva)'이며, 한자로는 '보리살타(菩提薩埵)', '각유정(覺有情)', '대사(大士)' 등으로 번역된다. 'bodhi'는 지혜, 깨달음을 뜻하고, 'sattva'는 유정(有情), 즉 중생을 의미한다. 그러므로 보살은 깨달음을 얻은 중생이라는 뜻이다.

나는 아직 깨달음을 얻은 중생이 아니고, 여전히 사방이 아득한 길 위에 있다. 나 같은 중생이 깨달음을 얻기 위해 읽어야 하는 책이 바로 금강경이다. 이 책 속에 보살이 되는 법, 즉 깨달음을 얻는 방법이 담겨 있다.

●

나의 모습에 대한 집착,
타인의 모습에 대한 집착,
물건의 모습에 대한 집착,
영원한 시간에 대한 집착.
이 네 가지 집착이 삶에 번뇌를 만든다.
어떻게 집착을 버리고 마음을 가라앉힐 수 있을까?

어떻게 하면
휘둘리지 않고 살 수 있나

중생이란 무엇일까? 깨달음을 얻지 못한 이들이다. 어째서 깨달음을 얻지 못했을까? 자아의 상, 타인의 상, 중생의 상, 생명이 존재하는 시간의 상에 집착하기 때문이다.

부처는 이 네 가지를 아상(我相), 인상(人相), 중생상(衆生相), 수자상(壽者相)이라고 하였다. 글자만을 놓고 보면 이 네 가지는 자아의 형상, 타인의 형상, 중생의 형상, 생명이 존재하는 시간의 형상이지만, 조금 더 깊이 들어가 보면 자아에 대한 의식, 타인에 대한 의식, 생명에 대한 의식, 생명이 지속되는 시간에 대한 의식을 의미한다.

부처는 이런 의식들이 우리 영혼을 구속하기 때문에 자유의 경지로 들어가고 싶다면, 이 네 가지 의식에서 벗어나야 한다고 주장하였다.

일본의 유명한 불교학자 스즈키 다이세쓰는 '아(我)'를 '자아의식'으로, '인(人)'을 '인간'으로, '중생'을 '존재'로, '수자(壽者)'를 '영혼'으로 해석하였다.

육조 혜능은 이 네 가지 상을 수행자가 흔히 빠지는 함정이라고 하면서 "마음속으로 능동적인 주체와 수동적인 대상, 즉 자아와 비자아를 구분하고 다른 생명을 경멸하는 것을 아상이라 하고, 자신은 계율을 지킬 수 있다고 자만하며 계율을 어긴 사람을 멸시하는 것을 인상이라 하고, 이 세상의 고통과 윤회를 증오하여 천상에서 태어나기를 바라는 욕심을 중생상이라 하며, 이 세상에 오래 살고 싶어 복업을 부지런히 닦으면서 그것이 집착인 줄 모르는 것을 수자상이라고 한다"라고 하였다.

그 외에도 여러 해석이 있고 각각의 해석이 조금씩 다르지만, 기본적인 사상은 같다. 이 네 가지 상이 '나'에서부터 시작되어 '인류'로 확장되고, 다시 모든 생명까지 뻗어 나간 다음, 최종적으로 시간의 개념이 된다. 그러므로 네 가지 상은 공간과 시간의 모든 현상을 아우르는 개념이다.

금강경에서 부처는 이 네 가지 상을 품어서는 안 된다고 반복적으로 강조한다. 이를 '무아상(無我相)', '무인상(無人相)', '무중생상(無衆生相)', '무수자상(無壽者相)'이라 하고, 하나로 통틀어 '무상(無相)'이라고 한다.

금강경에서는 '무상'의 경지에 도달해야만 깨달음을 얻을 수 있다고 여러 번 강조한다. 그렇다면 '무상'이란 도대체 무엇일까?

'상(相)'을 형상, 특징, 현상으로 보고 '아무런 현상도 없는 존재'라고 해석하는 사람들이 있다. 또 불교의 '공무(空無)'를 '없다', '허무하다', '존재하지 않는다'고 이해하고 불교를 비관적이고 소극적인 종교로 바라보는 사람이 많다. 하지만 불교의 '무'는 '없다'는 의미가 아니라 경험이나 지식을 초월한 경지를 의미하며, '공무'는 개념 이전의 상태다.

'상'을 현상으로 해석한다면, '무상'은 현상이 없음을 의미한다. 그런데 현상은 객관적으로 존재한다. 사람, 나무 같은 것들을 없앨 수도 없을 뿐더러, 설령 없앤다 해도 그들의 존재까지 부인할 수는 없다. 그러므로 금강경에서 말하는 '무상'에서 중요한 것은 상이 있느냐 없느냐가 아니다. 육조 혜능의 말처럼, 중요한 것은 상을 바라보는 우리의 마음이다. '무상'이란 다양한 현상에 흔들리지 않고, 대상이 무엇인지에 따라 변하지 않는 것이다.

우루쥔이 편저한 《불교대사전》을 보면, '무상'을 "상대적인 형상이 없고 대상의 상대상(相對相)과 차별상(差別相)에 영향을 받지 않는 것"이라고 해석하였다. 이 해석에는 '상'에 대한 또 다른 의미가 들어 있다. 바로 독립적인 자성(自性, 변하지 않는 본성이나 고유한 성질)이다. 그렇다면 무상이란 영원할 만큼 독립적인 자성을 가진 현상은 없다는 뜻이다.

영원히 변치 않는 현상이 없다면, 어떤 현상에도 집착할 필요가 없다. 이것이 바로 금강경이 우리에게 가르쳐 주는 최고의 마음 수행 법칙이다. 바로 모든 현상에서 '공성(空性)'을 발견하고, 집착하지 않고 자유로운 마음의 경지에 도달하는 것이다.

이것이 바로 금강경에서 말하고자 하는 가장 큰 주제이다.

눈앞에 있는 사람이 아무리 싫어도 그를 사라지게 만들 수는 없다. 하지만 그를 관조하며 자신이 왜 그를 싫어하는지 곰곰이 생각해 보고, 그를 싫어하는 자신의 태도를 바꿀 수는 있다. 누가 내게 어떤 행동을 하든 그것은 그저 인연일 뿐이고, 언젠가는 반드시 사라질 허망한 현상이며, 내 마음을 어지럽힐 수 없다.

반대로 눈앞에 있는 꽃이 아무리 향기롭고 아름다워도 그것을 영원히 가질 수는 없다. 하지만 그것이 절대적으로 고립된 존재가 아니라 인연의 결과임을 관조할 수는 있다. 그것이 천천히 시들어 사라질 것임을 안다면, 눈앞의 아름다움에 마음이 흔들리지 않을 것이다.

　사람이든 꽃이든, 아니면 다른 무엇이든, 차분히 바라본다면
그것에 유혹되어 휘둘리지 않을 수 있다.

●

눈앞에 보이는 것이 아무리 싫어도 없앨 수 없고,
아무리 좋아도 가질 수 없다.
중요한 것은 그것을 바라보는 나의 마음이다.
그것이 무엇이든 차분히 바라보면
유혹되어 휘둘리지 않을 수 있다.

어떻게
마음을 내려놓는가

대상의 노예가 되지 말라. 중국이나 그리스에도 이와 비슷한 사상이 있었다. 노자가 대표적인 예다.

부처와 노자의 차이점은 그 해결 방법에 있다. 노자는 '불견가욕(不見可欲)'이라 하여, 욕망을 불러일으킬 수 있는 것은 가급적 보지도 듣지도 맛보지도 않으면 집착하지 않을 수 있다고 하였다. 예를 들어, 아름다운 여자가 앞에서 다가온다면 눈을 감아 버리는 것이다. 보지 않으면 욕망이 생기지도 않고, 당연히 번뇌할 것도 없다.

유대교에서는 눈을 감지 말고 보면서 감탄하라고 가르친다.

하지만 여자의 미모에 감탄하는 것이 아니라 그렇게 아름다운 인간을 만들어 준 조물주에게 감탄하라고 한다. 욕망을 신을 향한 경배로 승화하는 것이다.

두 가지 모두 억압하고 억제함으로써 문제를 해결한다는 점에서 똑같은 해결 방법이라고 할 수 있다. 그런데 심리학의 관점에서 보면 억제 역시 또 다른 집착이다. 억압하고 억제해야 한다는 것 자체가 내려놓지 못한 것이기 때문이다. 내려놓았다면 굳이 눈을 감을 필요도 없고, 신을 앞세울 필요도 없다.

부처가 말한 '집착하지 않음'이란 사실 '내려놓음'이다. 내려놓음이란 무엇일까? '마음을 일으키되 머무는 바가 없는 것'이다. 풀어서 말하면, 존재하는 모든 것에 미련을 갖지 않고 집착하지 않으므로 마음이 물처럼 흐르는 것이다.

이 말은 금강경에 딱 한 번 등장하지만, 집착하지 않고 내려놓는 것의 의미를 적절하고 정확하게 설명한다. 나무꾼 혜능이 이 말 한마디에 속세를 떠나 출가하여 선종의 위대한 스승이 된 것도 무리가 아니다.

"마음을 일으키되 머무는 바가 없다[應無所住而生其心]."

'일으킨다[生]'는 말이 무한한 생기를 발산한다. 집착하지 않는 마음은 적막하게 억압된 상태가 아니라 생기 넘치는 활발한 상태이다.

그렇다면 보살이 미인을 만났을 때는 어떻게 할까? 한참을 고민해 보았지만 확실한 답을 찾지 못하였다. 하지만 한 가지 분명한 것은 보살은 미인을 피하지도 찬미하지도 않을 것이라는 점이다.

미인이 보살 앞을 지나치는 것은 특별한 일이 아니라 흔하고 평범한 일이다. 미인을 보는 것도 날마다 태양을 보고 나무를 보는 것과 똑같고, 그녀의 얼굴도 거리에서 마주치는 수많은 사람의 얼굴과 다를 바가 없다. 미인은 그저 미인일 뿐이다. 특별할 것은 없다. 세상에는 여자와 남자가 무수히 많고, 나무와 별도 헤아릴 수 없이 많다. 보살에게는 그 무엇도 특별할 게 없다.

물론 보살도 미인의 아름다움을 느낄 수 있고, 그 아름다움을 감상하는 즐거움을 누릴 수도 있다. 적어도 속세의 관점에서 보면 아름다운 미모가 보는 이를 즐겁게 하는 것은 분명한 사실이다. 하지만 보살은 그 아름다움에 감탄하기보다는 그 아름다움도 변화, 즉 노화하는 한 과정에 있으며, 그녀의 몸도 다른 사람들과 마찬가지로 그저 피와 살이 붙은 껍데기임을 알고 있다. 그러므로 보살은 그 아름다움과 희열에 탐닉하지 않고, 미인으로 인해 번뇌가 생기지도 않는다.

그렇더라도 나는 보살이 아니므로, 보살이 미인을 만났을 때 어떻게 할지 확실히 알 수 없다. 그저 피하거나 찬미하지는 않을 것이라고 추측할 수 있을 뿐이다. 미인에 관한 세 가지 이야기를 들려주겠다.

첫 번째 이야기는 대승 불교의 중요한 논서 중 하나인 《대지도론》에 나오는 이야기이다.

미인을 만났을 때 음탕한 남자는 그녀가 아름답다고 느끼고, 여자는 질투심에 그녀를 싫어하고, 수행자는 그녀의 단점을 찾아내는 부정관(不淨觀, 탐욕을 버리기 위해 육신의 더러움을 주시하는 수행법)을 통해 깨달음을 얻을 것이다. 만약 남성 동성애자가 미인을 만난다면(이것은 내가 덧붙인 것이다), 진흙이나 나무토막을 본 것처럼 아무 감정도 느끼지 못할 것이다. 똑같은 미인을 보고도 보는 사람에 따라 반응이 완전히 다르다.

재미있는 것은 《대지도론》에서 마지막에 나온 가설이다. 만약 그 미인의 내면이 깨끗하다면, 앞에서 말한 이 네 부류의 사람들이 그녀를 보고 각기 다른 생각을 갖지 않고 그저 깨끗함만을 느낄 것이다. 이는 자기 자신이 집착을 완전히 버리고 내려놓음으로써 주체가 되어야 한다는 뜻이며, 더 깊이 들어가면 완전히 내려놓은 뒤에는 주체와 객체의 구분이 사라진다는 뜻이기도 하다.

두 번째는 중국 선종의 이야기이다.

한 선승이 암자에서 수행을 하고 있는데, 한 노부인이 날마다 그에게 밥을 가져다주며 공양하였다. 1년 뒤 노부인이 선승의 공력을 시험해 보고자 자신의 젊고 아리따운 딸을 시켜 벌거벗은 채로 선승에게 밥을 가져다주게 하였다. 선승은 젊고 아리따운 여자가 실 한 오라기 걸치지 않고 눈앞을 오가는데도 보지 못한 듯 모른 척하였다. 선승이 아주 잘 수행했음을 증명하는 것이므로 찬사를 받아야 마땅하다. 그런데 뜻밖에도 노부인은 "알고 보니 그 놈이 속이 음흉한 땡중이었구나!"라고 화를 내며 당장 그 선승을 암자에서 내쫓아 버렸다.

그러면 선승은 어떻게 했어야 할까? 나는 한참을 고민했지만 해답을 찾을 수가 없었다. 얼핏 깨달은 것 같지만, 또 그것을 말로 표현하기는 힘들다. 해도 틀리고 하지 않아도 틀렸다면, 아주 미묘한 정도의 문제일 것이다. 금욕적인 고행과 허랑방탕한 방종 둘 중 어느 쪽이든 노부인에게 쫓겨났을 것 같다.

세 번째 이야기도 중국 선종에서 매우 유명한 이야기이다.

한 노승과 제자가 함께 길을 가다가 한 여자가 강을 건너지 못해 난감해하고 있는 것을 보았다. 노승이 여자를 업어 강을 건너게 해 주자 제자는 몹시 곤혹스러웠다. 수행하는 이가 어찌 여자와 몸을 맞댈 수 있단 말인가? 노승이 강기슭에 여자를 내려 주고 제자와 다시 길을 떠났는데, 조금 가다가 제자가 참지 못하고 물었다.

"사부님, 출가한 사람이 어떻게 여인을 업을 수 있습니까?"

그러자 노승이 빙그레 웃으며 대답하였다.

"나는 아까 내려놓았는데 너는 아직도 내려놓지 않았구나."

이 이야기들은 각각 다른 주제를 가지고 있지만, 불교 사상을 생생하게 느낄 수 있으며, 적어도 한 가지 강렬한 메시지를 전해 준다. 불교가 금욕의 종교가 아니고 방종의 종교는 더욱 아니라는 사실이다. 과연 불교는 어떤 종교일까?

●

'집착하지 않음'이란 '내려놓음'이다.
내려놓음이란 무엇일까?
'마음을 일으키되 머무는 바가 없는 것'이다.
존재하는 모든 것에 미련을 갖지 않고 집착하지 않으면
마음이 물처럼 흐른다.

무엇으로부터
해방될 것인가

　마음을 일으키되 머무는 바가 없어야 한다고 했지만, 우리는 대부분 마음이 일어나면 그곳에 머문다.

　과학자가 땅콩이 든 유리병을 원숭이 앞에 놓자 원숭이가 땅콩을 빨리 꺼내려고 병을 마구 흔들었다. 하지만 원숭이는 오로지 땅콩만 쳐다보았기 때문에 병의 입구가 어디에 있으며, 땅콩을 꺼내려면 어떤 방향으로 뒤집어야 하는지 알지 못하였다. 결국 원숭이는 지치도록 병을 흔들어 댔지만, 땅콩을 꺼내지 못하였다.

　과연 원숭이는 인간의 조상답다. 오로지 땅콩에만 집착하는 원숭이의 모습이 우리 인간과 비슷하지 않은가? 대다수 사람들이 눈앞의 땅콩을 위해 분주하게 뛰어다니며 지치도록 일한다. 가지고 싶은 것에만 모든 신경이 쏠려 있다. 그런데 그 땅콩을 손에 넣고 나면, 또 다른 땅콩으로 시선을 옮긴다.

땅콩 자체는 나쁘지 않다. 땅콩의 고소한 맛은 사람을 즐겁게 한다. 하지만 많은 사람의 문제, 심하게 말하면 병이라고도 할 수 있는 것은 땅콩을 인생의 목표로 삼아 자신보다 땅콩을 더 중요하게 여긴다는 것이다. 한마디로 땅콩이 인생에서 가장 중요해지고, 자기 자신은 기계로 전락한다.

한 남자가 호랑이에게 물려 가자 그의 아들이 총을 들고 아버지를 구하러 달려갔다. 그런데 남자가 아들에게 외쳤다.

"놈의 다리를 쏴! 머리를 쏘면 안 돼! 호랑이 머리는 비싸게 팔 수 있어!"

값비싼 호랑이 가죽을 위해서라면 자기 목숨도 기꺼이 버릴 수 있었던 것이다.

땅콩이든 호랑이 가죽이든, 대상이 사람의 모든 신경을 빼앗고 형상이라는 감옥에 가둘 수 있다. 인생이 오로지 어떤 대상을 위한 것이 되면, 우리 자신은 사라져 버린다. 분명히 잘못된 인생이지만, 우리 모두 이를 당연하게 여기고 있다.

왜 그럴까? 우리가 또 다른 감옥에 갇혀 있기 때문이다. 우리를 가두는 또 다른 감옥은 바로 '관념'이다. 관념은 아주 깊고 단단한 감옥이다. 우리 모두 자신의 관념 속에 살면서 우리가 마땅히 그래야 한다고 생각하는 대로 행동한다. 멈추어 서서 자신의 관념을 곰곰이 돌이켜 보는 사람이 없다. 그런데 모든 사람의 관념은 그들이 본래부터 가지고 있는 것이 아니라, 태어난 뒤 가정과 사회로부터 주입당한 것이다.

우리 자신의 번뇌는 모두 관념에서 나온다. 어떤 여자가 남자에게 손을 잡혔다 치자. 지금은 아무도 이걸 심각하게 생각하지 않는다. 하지만 성리학이 유행한 송나라 때였다면, 그 여자는 자신의 순결함을 지키려면 손을 잘라 버려야 한다고 생각했을 것이다. 그녀의 머릿속에 뿌리 깊이 박힌 정조 관념 때문이다.

사람과 사람 사이에 다툼이 생기는 원인은 대개 명예와 이익 아니면 관념이지만, 근본적인 원인을 따지면 모든 것이 관념에서 비롯된다. 명예와 이익이 중요한지 중요하지 않은지 판단하는 기준도 바로 인간의 관념이기 때문이다. 관념이 다르다는 이유로 수많은 전쟁이 일어나고, 많은 사람이 자신의 믿음을 지키기 위해 서로 죽고 죽이며 싸웠다.

귀납해 보면, 우리는 자신을 에워싼 갖가지 형상에 대해 좋거나 싫은 감정을 느낀다. 여러 가지 관념이 마음속에 숨어 우리의 행동을 지배한다. 아상, 인상, 중생상, 수자상 네 가지 상이 있지만, 간단히 보면 유형의 상과 무형의 상 두 가지로 나눌 수 있다. 전자는 물질적인 것이고 후자는 관념적인 것이다. 이 두 가지 차원이 우리의 현실 생활을 이루고 있다.

우리는 이 두 가지 차원을 넘나들며 희로애락과 생사윤회를 경험하며 살아가고 있다. 금강경은 우리가 기대어 살고 있는 형상과 관념이 헛된 망상과 망견(妄見)이므로, 그것들이 쌓은 감옥에서 벗어나 진정한 자신으로 돌아가야 한다고 우리에게 말한다.

이제 불교는 어떤 종교인가라는 질문에 대답할 수 있다. 나는 '해방'이라는 말만큼 불교를 정확하게 표현하는 말은 없다고 생각한다. 집착하지 않음, 내려놓음, 청정함 등 불교에서 추구하는 것들은 모두 인간의 자아 해방이다. 무엇으로부터의 해방인가? 사람들이 집착하는 형상(망상)과 관념(망견)으로부터의 해방이다.

불교에 여러 가지 학설이 있지만, 그 모든 학설의 바탕에는 허망한 물질세계와 편협한 관념의 세계에서 벗어나 진정한 사람이 되어야 한다는 사상이 깔려 있다. 금강경에서 '공'과 '무상'에 대해 이야기하는 것도 사람들이 존재의 진실한 모습을 똑똑히 들여다보고 자유로운 경지로 나아가게 하려는 것이다.

불교는 자유정신이 충만한 종교이자, 기존의 체계와 의식을 의심하고 반박하는 종교이며, 유일하게 우상을 숭배하지 않는 종교이다.

마음을 일으키되 머무는 바가 없다. 곱씹어 생각해 보면, 이 말 속에 자유의 숨결과 생명의 선율이 넘실대는 것을 느낄 수 있다. 이 얼마나 생동감 넘치고 시적인 말인가.

모든 형형색색의 현상과 갖가지 감정, 이념 등등 모든 것이 마음을 거쳐 물처럼 흐르고 바람처럼 스친다. 어디에도 머물지 않고, 멈추지 않으며, 미련을 갖지도 욕심을 부리지도 않고, 불쾌해하지도 않고, 그 무엇에도 구속받지 않는다.

●

관념은 나를 가두는 감옥이다.
모든 번뇌는 자신의 관념에서 나온다.
충만한 자유정신을 가져라.
기존의 체계와 의식을 의심하고 반박하라.
관념에서 해방된 마음은
어디에도 머물지 않고 물처럼 흐른다.

7장

·

미루지도
기다리지도
마라

·

성공을 대하는 질문들

인생의 목적은 무엇이고, 수단은 무엇인가

다리는 중개자이자 수단이며, 우리를 피안으로 데려다주는 도구이다. 그러므로 다리는 지나가는 곳이지, 머물러 있는 곳이 아니다. 설령 머무른다 해도 잠시 풍경을 감상한 뒤 지나갈 뿐, 다리 위에 계속 머물러 있는 사람은 없다. 그런데 독일 철학자 짐멜은 인간이 종종 그저 수단일 뿐인 다리 위에 서서 건너편 기슭으로 건너가는 것을 잊은 채 머무른다는 사실을 발견하였다. 그가 말한 다리란 바로 돈이다.

돈은 교환을 위해 생겨났다. 칼을 가지고 있지만 칼이 아닌 소금이 필요하다면, 소금을 가지고 있지만 칼이 필요한 사람을 찾아 서로 바꾸어야 한다. 이런 물물 교환이 이루어진 시기가 있었다. 하지만 인간은 금세 돈(화폐)을 만들어 냈다. 화폐라는 매개물이 생기자 교환이 훨씬 편리해졌다. 칼은 있지만 소금이 필요할 때, 이제는 소금은 있지만 칼이 필요한 사람을 찾으러 다닐 필요 없이 돈으로 소금을 살 수 있게 되었다.

돈으로 필요한 것을 사면 되니까 이제는 돈을 벌기만 하면 그만이었다. 그런데 점차 자본주의 시대가 되면서 사람들은 돈이란 그저 수단일 뿐 최종적인 목적은 칼과 소금이라는 사실을 망각하였다. 돈이 목적이 되고, 인간이 살아가는 이유도 돈이 되었다. 돈을 숭배하는 세상이 되었다.

어릴 적부터 어떻게 하면 성공할 수 있는지 가르친다. 물론 성공 여부를 판단하는 유일한 기준은 바로 돈이다. 돈은 원래 내가 필요한 물건을 얻기 위한 수단이므로 필요한 물건을 얻고 나면 돈 자체는 무의미해진다는 사실을 잊어버린 채 돈을 벌기 위해 아우성친다. 수단이 목적이 되었다.

이런 짐멜의 발견은 우리에게 한 가지 사실을 깨우쳐 준다. 인간을 괴롭히는 수많은 번뇌와 집착이 사실은 우리가 피안으로 건너가는 것을 잊은 채 수단인 다리 위에 머물러 있음으로 인해 생겨난다는 점이다.

돈은 원래 편리함을 위해 인간이 만들어 낸 도구이다. 그런데 어느새 돈이 주체가 되어 인간을 지배하고 있다. 인간은 돈을 버는 과정에 머물러 서서 매일 또는 매달 자신이 버는 돈에 만족하며, 내일 또는 다음 달에는 또 얼마나 벌 수 있을지 계산하기에 급급하다. 얼마를 버는지가 인생의 목적이 되는 것이다.

인생의 진정한 목적은 어떤 사람이 되느냐에 있어야 한다. 자신이 원하는 사람이 되기 위해서는 물론 돈도 필요하고 그 외에 다른 것들도 필요하다. 하지만 이런 것들은 모두 최종적인 목적에 도달하기 위한 수단이다. 돈을 벌기 위해 자신을 변화시켜서는 안 된다.

《대지도론》에서 이르기를, 모든 보물 중 사람의 목숨이 제일이라고 하였다. 사람은 살기 위해 돈을 버는 것이지 돈을 벌기 위해 사는 것이 아니다. 하지만 주객이 전도된 사람들이 많다. 강도를 만났는데 단돈 몇 백 위안이 든 가방을 뺏기지 않기 위해 반항하다가 목숨을 잃은 사람의 이야기가 종종 신문 사회면에 실리곤 한다. 돈이 모든 것에 우선한다는 관념이 사람들의 뼛속 깊이 파고들어 자기도 모르는 사이에 돈 때문에 사는 인생이 되어 버렸다.

뒤바뀌어도 한참 뒤바뀐 세상이다. 사람들이 인생의 진정한 방향과 목적지를 잃어버리고, 비틀린 길 위에서 헤매고 있다. 차분히 마음을 가라앉히고 내면의 목소리에 귀를 기울여야만, 자신이 진정으로 바라는 방향이 어딘지 알고 그 방향으로 나아갈 수 있다. 진정한 방향을 찾고 나면 속세의 번뇌도 그리 중요치 않다는 것을 알게 될 것이다.

●

인생의 진정한 목적은
어떤 사람이 되느냐에 있어야 한다.
돈을 비롯해 다른 모든 것은
모두 최종적인 목적에 도달하기 위한 수단이다.
돈을 벌기 위해 자신을 변화시켜서는 안 된다.

왜 어떤 대가도
바라지 않아야 하나

수단과 목적이 뒤바뀌는 것은 사람들이 인생의 방향을 잃고 방황하는 원인이자 번뇌의 중요한 원인이다. 부처의 '사체설(四諦說)'은 한마디로 각종 수단의 잡초 더미 속에서 길을 잃지 말고, 생명의 근원으로 돌아가야 한다는 것이다.

금강경에서 부처는 여기에서 조금 더 깊이 들어가 수행자가 수행의 수단에 집착하는 것도 일종의 걸림돌이자 번뇌라고 말한다. 수행 방법을 중요하게 여기는 것도 형식에만 머물러 수행의 진정한 목적을 망각한 것이므로 역시 집착이라는 것이다. 돈이나 미인에 집착하는 것과 다를 바가 없다.

물고기를 잡으면 낚시 도구를 잊어버려야 한다는 장자의 말처럼 부처도 자신의 불법은 그저 강을 건너기 위한 노와 같으며, 피안에 다다르면 버려야 한다고 제자들에게 누누이 말하였다.

어떻게 하면 피안에 다다른 뒤에 노를 버릴 수 있을까?

부처는 가히 혁명적인 수행의 원칙을 내놓았다. 수단이 곧 목적이라는 것이다. 사실 다리 같은 것은 없다. 한 발 한 발 내딛을 때마다 이미 피안을 걷고 있는 것이다. 보시를 예로 들어 보자.

"보살은 대상에 얽매이지 않고 보시해야 한다."

이 말은 "어떻게 살아야 하고, 어떻게 그 마음을 다스려야 합니까?"라는 수보리의 물음에 대한 부처의 대답이다.

보살은 집착하는 마음으로 보시해서는 안 된다는 말이 여러 번 나온다. 보시할 필요가 없다는 뜻이 아니다. 보시는 필수적이다. 모든 수행은 행동을 통해 이루어진다. 다시 말해, 모든 수행에는 수행을 위한 수단이 필요하다. 수레 같은 도구 말이다.

불교에 '삼승(三乘)'이라는 것이 있다. 여기에서 '승'이 바로 수레를 의미하며, 삼승은 바로 세 가지 수레를 뜻한다.

첫째는 성문(聲聞), 즉 부처의 가르침을 듣는 것이다. 이를 '소

승(小乘)'이라고도 부르며, 최고의 경지는 '사체설'을 깨달아 아라
한과(阿羅漢果, 수행을 완수하여 모든 번뇌를 끊고 더 이상 생사
의 세계에 윤회하지 않는 아라한)를 얻는 것이다.

둘째는 연각(緣覺), 즉 부처의 가르침에 의지하지 않고 스스로
이치를 깨닫는 것이다. 이를 '중승(中乘)'이라고도 한다. 이 단계
에서 최고의 경지는 '12인연설'을 깨닫고 벽지불과(辟支佛果)를
얻는 것이다.

셋째는 보살승(菩薩乘), 즉 자신도 깨달음을 구하고 남도 깨달
음으로 인도하는 것이다. 이를 '대승(大乘)'이라고도 부른다. 이
단계의 최고의 경지는 공성(空性)을 깨달음으로써 무상보리(無
上菩提)를 얻는 것이다.

삼승마다 각각의 수행 방법이 있는데, 대승의 수행 방법은 주
로 보시, 인욕, 지계, 선정, 정진, 반야이다.

보시는 하나의 출발점이고 최종 목표는 해탈이다. 부처가 "보
시해야 한다"라는 말 앞에 "대상에 얽매이지 않아야 한다"라는
말을 넣은 것은 집착하는 마음을 버리고 보시하라는 뜻이다. 보
시의 목적은 집착을 버리고 해탈하는 것이며, 보시를 할 때도 역
시 집착하지 않고 해탈하는 마음을 가져야 한다. 바로 이 말에
부처의 독특하고 위대한 사상이 담겨 있다. 수단이 곧 목적이라

는 것이다.

보시는 출발점이지만, 그 출발점에 선 것만으로도 이미 목적지에 다다른 것이다. 그러므로 부처가 말한 육도 역시 먼저 보시를 다 수행한 뒤에 인욕을 수행하고, 인욕을 다 수행한 뒤에 지계, 선정, 정진, 반야를 수행해야 해탈할 수 있는 것이 아니다. 부처는 어떤 단계에서든 최종적인 목적지에 다다를 수 있으며, 또 반드시 다다라야 한다고 하였다.

영어를 공부할 때는 1단계부터 6단계까지 각 단계마다 실력이 완전히 다르며, 실력이 단계적으로 향상된다. 반드시 아래 단계를 거쳐야 위 단계로 올라갈 수 있다. 하지만 지혜를 깨닫는 것은 다르다. 지혜는 한꺼번에 동시에 깨닫는 것이 가능하다.

부처는 집착하는 마음 없이 보시하라고 하였다. 소리, 향기, 맛, 감촉에 집착하지 말고 보시해야 한다는 것이다. 왜 그럴까? 일반적으로 수행자들은 보시할 때 동정심을 가지기 쉽다. 보시의 대상이 자신보다 가난하다고 생각하고, 또 자신이 이 보시로 덕을 쌓아 복덕을 얻기를 바란다.

보시는 실질적인 행위이다. 한마디로 자신의 것을 남에게 주는 행위일 뿐이다. 대표적인 예가 거지에게 돈을 주는 것이고, 가장 철저한 보시는 출가인이 출가하기 전 자신의 재물을 필요한 사람에게 전부 주는 것이다. 남들에게 불법을 전하는 것도 역시 보시이다. 이를 '법보시'라고 한다. 또 남에게 두려워하지 않는 용기를 주는 것도 역시 보시이며, 이를 '무외보시(無畏布施)'라고 한다. 어떻게 보시하든, 모두 실질적인 행동이다.

그런데 부처는 '무상(無相)'의 경지에 도달해야만 진정한 보시라고 하였다. 물론 무상보시(無相布施)가 보시를 하지 말라는 뜻은 아니다. 무상보시란 보시를 할 때 그 행동 자체에 집착하지 말고, 자신은 베푸는 사람이고 상대는 받는 사람이라고 구분하지 않으며, 그 어떤 대가도 바라지 않는 것이다.

그저 자연스러운 행동으로써 베풀어야 한다. 거지에게 돈을 줄 때도 그가 거지라는 생각을 버리고 자신과 똑같은 인간으로 대해야 한다. 자신이 돈을 주면 그 찬란한 황금빛 광채가 그의 세상을 환히 밝혀 줄 것이라고 생각해서도 안 된다. 그런 보시를 할 때 비로소 그 순간 해탈하게 된다.

인욕, 지계 등도 마찬가지이다. 무언가를 기다리고 쌓는 것이 아니라, 바로 지금 이 순간 인욕이나 지계 자체에 집착하지 않아야 최종적인 목적인 해탈에 도달할 수 있다. 해탈하면 자유로워진다.

이것이 바로 금강경에서 전하는 위대한 메시지이다. 수행은

길고 고된 과정이 아니며, 기다릴 필요도 없다. 바로 지금 다다를 수 있고, 이 순간 자유로워질 수 있다. 수행의 어느 단계에 있든 지금 당장 목적지에 도달할 수 있다.

●

영어는 1단계부터 차례로 실력을 쌓아야 한다.
지혜를 깨닫는 것은 다르다.
어느 단계에서든 한꺼번에, 동시에 깨달을 수 있다.
그러니 자유로운 삶을 기다릴 필요 없다.
지금 당장 자유로운 삶을 살 수 있다.

진정한 해탈이란
어떤 모습인가

학력에 학사, 석사, 박사 등의 차등이 있듯이, 불교의 수행에도 단계가 있다. 소승 불교에서는 이를 '과위(果位)'라고 하며, 네 가지가 있다. 수다원(須陀洹), 사다함(斯陀含), 아나함(阿那含), 아라한(阿羅漢)의 순서로 깨달음의 경지가 높아진다.

첫 번째 과위인 수다원은 성인이 되는 물결 속으로 처음 들어갔다고 해서 '입류(入流)'라고 한다.

두 번째 사다함은 '일왕래(一往來)'라고도 한다. 사체의 도리를 깨닫고 태어나면서부터 가지고 있던 번뇌를 끊었지만, 아직 천상과 인간 세상에서 각각 한 번씩 살아 보아야 최종적인 해탈에 도달할 수 있는 단계이다.

세 번째 아나함은 '불래(不來)'라고도 한다. 이미 욕계(欲界, 색욕, 식욕, 물욕 등 욕망이 강한 중생이 머무는 경계)의 유혹을 완전히 끊어 다시는 이 세상에 환생하지 않는 단계이다.

네 번째 아라한은 '불생(不生)'이라고도 한다. 이미 완전히 깨닫고 열반에 들어간 상태로, 더 이상 생사윤회 속에 머물지 않는다.

수다원 이후가 사다함이고, 사다함 이후가 아나함이며, 아나함 뒤에는 아라한으로 이어지는 점진적인 단계이다.

보통의 수행자들은 1년 또는 그보다 더 지난 후에 어떤 과위에 도달할 것인지 목표를 세우고, 일정 기간이 되면 자신이 어떤 과위에 도달했는지 평가하고 확인한다. 만약 아나함에 도달했다면, 그다음에는 아라한이 되도록 수행해야겠다고 생각한다.

그런데 부처는 이런 과정이 수행에 걸림돌이 되어 진정한 목표인 해탈에 도달하는 데 방해가 된다고 말하였다. 그는 수다원에 이른 사람도 자신이 이미 수다원의 과위를 얻었다고 생각하지 말아야 한다고 하였다. 수다원을 입류라고 부르지만, 사실은 딱히 들어갈 곳이 없기 때문이다.

사다함에 도달한 사람도 자신이 사다함의 과위를 얻었다고 생각해서는 안 된다. 사다함을 일왕래라고 부르지만, 딱히 왕래라고 할 것이 없기 때문이다.

아나함에 도달한 사람도 자신이 아나함의 과위를 얻었다고 생각해서는 안 된다. 아나함을 불래라고 하지만, 역시 불래라는 것도 없기 때문이다.

아라한에 도달한 사람도 자신이 아라한의 과위를 얻었다고 생각해서는 안 된다. 그런 생각을 갖게 되면 아상, 인상, 중생상, 수자상 같은 상(相)에 집착하게 되기 때문이다. 어떤 상이든 모두 아라한이 아니다. 아라한의 경지에 도달했지만 자신이 이미 아라한에 도달했다는 작은 생각조차 해서는 안 된다.

부처는 수단에 집착하지 말고, 깨달음의 경지에 대해서도 집착하지 않으며, 수행의 목적 자체에도 집착하지 말라고 하였다. 사람들은 자신이 어떤 과위에 도달했는지에만 관심을 갖지만 부처는 그럴 필요가 없다고 하였다.

바로 지금 그 자리에서 진정한 자신으로 산다면 이미 모든 것을 이룬 것인데, 바깥의 더 원대한 목표가 무슨 의미가 있겠는가? 자신이 어떤 과위에 도달했는지 검증한들 무엇 하겠는가?

돈, 미인, 권력에도 집착하지 말라. 쉽게 이해하고 간단히 실천할 수 있는 말이다. 그런데 우리네 평범한 인간들은 숨겨진 함정에 빠지기도 쉽다. 돈에 집착하지 않으면 청빈함에 집착하고, 미색에 집착하지 않으면 또 금욕에 집착한다. 어떤 것에 집착하지 않는 대신 다른 무언가에 대해 새롭게 집착하는 것이다. 이것을 부정하면 저것을 긍정하고, 이것에 반대하면 그 대신 저것에 찬성한다.

하지만 부처의 논리는 완전히 다르다. 그가 이것을 부정했다고 해서 저것을 긍정한다는 뜻은 아니다. 그는 "이것이 아니면 저것"이라는 비좁은 관념에서 벗어나 더 깊고 넓은 경지로 우리를 안내한다.

부처가 금강경에서 말한 집착하지 않음이란, 어떤 물건에만 국한된 것이 아니라 모든 것에 대한 모든 집착을 버린다는 뜻이다. 물론 집착하지 말아야 할 대상에는 불교의 수행 방법과 수행 목표도 포함된다. 그 무엇에도 얽매이지 않는 자유로운 마음을 가지는 것이 유일한 목적이자 최고의 원칙이다. 어떤 방법으로 수행하든 반드시 이 원칙을 지켜야만 진정한 해탈에 이를 수 있다.

이것은 부처가 발견한 근본적인 이치이다. 어떤 방법으로 수행하든, 어떤 방법을 통해 어떤 목표에 도달하고자 하든, 최종적인 목적은 오로지 하나뿐이다. 바로 모든 것에 대한 모든 집착을 버리는 것이다. 이것이 곧 해탈이며 자유이다.

부처는 금강경에서 집착하지 않는 것이 완전한 자유라고 말하였다. 이 길은 언제 어디서든 우리 앞에 놓여 있다. 우리가 무엇을 하든, 언제 어디에 있든, 그 무엇에도 집착하지 말고 차분히 관조하고 느껴야 한다. 자신이 자유롭다는 사실을 말이다.

●

바로 지금 그 자리에서 진정한 자신으로 산다면
이미 모든 것을 이룬 것인데,
바깥의 더 원대한 목표가 무슨 의미가 있겠는가?
자신이 어떤 목표에 도달했는지 검증한들 무엇 하겠는가?

나는 무엇을 원하고,
무엇을 할 수 있는가

수단 속에 살고 있는 사람들이 많다. 진정한 목적이 무엇인지 자기 자신도 모른다.

돈을 예로 들어 보자. 많은 사람이 계속 돈을 벌고, 또 더 많은 돈을 벌기 위해 노력한다. 하지만 무엇을 위해 돈을 버는지도 모른 채 그저 돈을 벌기 위해서만 동분서주한다.

결혼도 그렇다. 결혼의 진정한 목적이 무엇인지도 모른 채 소위 결혼 적령기가 되면 결혼해야 한다고 생각한다. 사회가 결혼하라고 정해 주었기 때문에 결혼하는 것이다.

학업이나 직업도 마찬가지이다. 대학에 진학하는 것이 무엇을 위한 일인지도 모른 채 사회의 분위기에 떠밀려 너도나도 대학에 들어가기 위해 필사적으로 공부한다.

평생 자신이 진정으로 바라는 것이 무엇인지 모르고, 자신이 살아 가는 진정한 목적이 무엇인지도 모른다. 결국 일생을 이리저리 떠밀려 다니며 산다. 이렇게 사는 삶이 행복할 리 없다. 부지런히 돈을 벌고, 결혼을 하고, 일을 하지만, 그러는 동안 늘 고민하고 고통스러워한다.

내가 진정으로 원하는 것이 무엇이고, 할 수 있는 것이 무엇인지 분명히 생각해야 한다. 이 두 가지 문제를 알지 못하면, 자기만의 확실한 인생 목표도 없이 사회가 우리에게 정해 준 목표를 위해 살 수밖에 없다.

많은 이의 인생이 그렇다. 자신의 인생에서 필요한 것이 무엇이고, 자신이 할 수 있는 것이 무엇인지 알지 못한 채 세태에 떠밀려 살아가고 있다. 남들이 주식을 사니까 나도 주식을 사야 할 것 같고, 남들이 피아노를 배우니까 나도 피아노를 배워야 한다고 생각한다. 그런데 주식이든 피아노든 그저 수단일 뿐이며, 정말로 중요한 것은 자기 인생의 목표가 무엇인지 정확히 아는 것이다.

자신의 목표에 빠르게 도달할 수 있는 수단이라면 사용할 가치가 있지만, 그렇지 않다면 그 수단을 아무리 써 봐야 의미가 없다. 그러므로 냉정하게 자기 자신에게 물어보아야 한다. 내가 원하는 것은 도대체 무엇인가? 나는 무엇을 할 수 있는가?

자신이 무엇을 원하고 무엇을 할 수 있는지, 더 나아가 자신이 원하는 것을 얻기 위해 무엇을 해야 하는지 알고 난 뒤에 그 목표를 향해서 매진하는 사람들은 대부분 자기 분야에서 성공한다. 꼭 거창한 성공이 아니라 작은 성과라 해도, 그들은 성취감과 행복감을 느낀다. 자신이 할 수 있고 또 좋아하는 일이기 때문이다.

원하는 것을 이루고 성취감을 얻었으므로 속세의 관점에서 보면 성공한 인생이라고 할 수 있다. 하지만 부처는 이 역시 최종적인 해탈을 이룬 것은 아니라고 말한다. 목표를 실현한 뒤에 또 새로운 목표가 생기기 때문이다. 한 가지 목표를 위해 모든 고통을 참으며 그 목표가 실현되기만을 고대하고, 그 목표가 실현되고 짧은 기쁨이 지나가면 또 새로운 목표가 생긴다. 끝없는 수단의 길 위에서 사는 것이다.

금강경에서 부처는 수단과 목적을 초월해 현재에 충실한 삶을 살라고 가르친다.

저마다 다양한 목표가 있을 것이다. 집을 사고 싶을 수도 있고, 창업을 하고 싶을 수도 있고, 배우가 되는 꿈을 꿀 수도 있다. 부처는 그런 목표를 포기하라고 하지 않았다. 어떤 목표든 가질 수 있다. 하지만 그 모든 목표가 단지 인생을 살아가는 자연스러운 과정이어야지, 속박이나 기다림이어서는 안 된다.

이것이 부처의 가르침이다. 집을 사기 위해 노력하더라도, 그 노력이 인내나 기다림이 아니라 인생을 살아가는 하나의 과정이어야 한다. 아직 집을 사지 못했더라도, 바로 이 순간 인생의 즐거움을 느낄 수 있어야 한다.

인생의 희열과 활력은 언제든 숨어 있다. 기다릴 필요가 없다. 인생의 진정한 목표는 현재를 즐기는 것이어야 한다. 이것이 바로 부처가 우리에게 전하고자 한 메시지일 것이다. 현재의 삶을 즐길 수 있어야만, 온전하고 진정한 인생을 영위할 수 있다.

●

집을 사고 싶은가?
창업을 하고 싶은가?
배우가 되고 싶은가?
그것이 무엇이든 목표를 포기하지 말라.
하지만 그 목표는 인생을 살아가는
자연스러운 과정이어야 한다.
속박이나 기다림이어서는 안 된다.

언제
쉴 것인가

이런 이야기가 있다.

한 사람이 강가에서 일광욕을 즐기고 있는데, 어떤 사람이 다가와 그를 나무랐다.

"어째서 열심히 일하지 않고 게으름을 피우는 겁니까?"

그가 되물었다.

"일은 무엇을 위해서 하는 겁니까?"

"돈을 벌기 위해 일하죠."

"돈은 무엇 때문에 버나요?"

"행복해지기 위해서 벌죠."

그러자 그가 말하였다.

"나는 지금도 이미 행복하답니다."

이런 비슷한 이야기가 많다.

두 친구가 도시를 떠나 외딴섬으로 여행을 갔다. 속세를 벗어난 무릉도원처럼 아름다운 섬이었다. 한 친구는 도시로 돌아가지 않고, 이 섬에 집을 짓고 날마다 낚시를 하며 해와 달, 바다를 벗 삼아 살기로 하였다. 다른 친구는 그 섬을 멋진 휴양지로 만들겠다는 목표를 세우고 도시로 돌아가 사업 계획을 수립하고 은행에서 돈을 빌려 바쁘게 일하였다.

어느덧 시간이 흘러 그는 머리가 벗겨지고 배가 불룩 나왔지만, 휴양 사업으로 큰 성공을 거두어 부자가 되었다. 나이가 들자 그는 은퇴를 결심하였다. 은퇴한 뒤에 해변에 별장을 짓고 인생을 즐기고 싶다고 하였다. 그런데 도시로 돌아오지 않고 섬에 남왔던 그의 친구는 이미 오래전부터 인생을 즐기고 있었다.

우화 같은 이야기지만, 현실에서도 도시로 돌아와 사업을 한 친구 같은 사람들이 아주 많다.

오쇼 라즈니쉬의 책에 이런 이야기가 나온다.

알렉산더 대왕이 디오게네스라는 현자가 있다는 소문을 듣고 그를 찾아다녔다. 그러던 어느 날, 강가에서 마침내 디오게네스를 만났다. 디오게네스가 알몸으로 햇볕을 쬐고 있었다. 알렉산더 대왕이 가진 것은 하나도 없지만 아름답고 우아한 그 사람을 물끄러미 쳐다보고 있다가 물었다.

"내가 그대를 위해 해 줄 수 있는 일이 없겠소?"

디오게네스가 대답하였다.

"햇볕을 가리지 않도록 조금만 비켜 서 주십시오. 그 외에는 바라는 게 없습니다."

알렉산더 대왕이 말하였다.

"다음 생이 있다면 신께 나를 디오게네스로 태어나게 해 달라고 청할 것이오."

그러자 디오게네스가 빙그레 웃었다.

"다음 생까지 기다리실 필요도 없고, 신께 청할 필요도 없습니다. 지금 당장 디오게네스가 되실 수 있습니다. 계속 군대를 이끌고 원정을 다니신다고 들었습니다. 어디로 가시려는 것입니까? 무엇을 위해 다니시는 것입니까?"
"인도로 갈 것이오. 세계를 정복하는 것이 내 목표요."
"세계를 정복한 뒤에는 무엇을 하시겠습니까?"
"그야 편히 쉬어야지요."

그러자 디오게네스가 껄껄 웃었다.

"대왕께선 참 어리석으시군요. 제가 지금 쉬고 있지 않습니까? 그런데 저는 세계를 정복하지 않았습니다. 대왕께서 정말 편히 쉬고 싶다면, 어째서 지금 당장 그리 못 하십니까? 지금 당장 편히 쉬지 못하신다면, 끝내 그럴 수 없을 것입니다. 대왕께서는 결코 세계를 정복하지 못하실 겁니다. 아무리 정복해도 새롭게 정복해야 할 것들이 또 있을 테니까요. 인생은 짧고 시간은 금세 지나갑니다. 대왕께선 여행 중에 죽게 될 것입니다."

그렇다. 우리 대부분은 인생이라는 여행 중에 죽는다. 하지만 인생을 누리는 것이 목표라면 여행은 필요치 않다. 출발하자마자 목적지에 도달할 것이기 때문이다. 출발하자마자 도달한다면 여행 중에 죽는 일도 없다. 언제나 지금 현재를 살 것이기 때문이다.

●

지금 당장 행복할 수 있는데도
행복을 미루고 있지는 않은가?
지금 당장 자유로울 수 있는데도
자유를 미루고 있지는 않은가?
지금 당장 쉴 수 있는데도
휴식을 미루고 있지는 않은가?

8장

·

눈에
보이는 것
너머를 상상하라

·

삶과 죽음을 통찰하는 질문들

진실을 똑바로
마주할 수 있는가

아기가 태어나 만 한 달이 되자 부모가 가까운 지인들을 불러 축하연을 열었다. 초대받은 손님들이 선물을 들고 와 덕담을 해 주었다.

"아이 관상이 아주 좋구먼! 나중에 높은 자리에 올라가겠어!"

"아기 눈빛이 어쩜 이렇게 또랑또랑해요? 앞으로 큰 인물이 되 겠어요."

아기 부모는 싱글벙글하며 손님들을 맞이하였다. 그런데 그때 누군가 냉랭한 말투로 말하였다.

"이 아이는 나중에 죽을 겁니다."

아기 부모가 버럭 화를 내며 그 손님을 당장 쫓아냈다.

예전 민간에 떠돌았다는 이 이야기는 루쉰의 잡문에 실려 있
다. 루쉰은 이 이야기를 들려주며 거짓말은 환대를 받고 진실을
이야기하면 내쫓기는 현실에 통탄하였다.

이 이야기 속 남자는 진실을 이야기했다가 쫓겨났다. 그런데
다른 손님들이 거짓을 말했기 때문에 환대를 받은 것은 아니었
다. 그들이 한 말은 축원 또는 일반적으로 하는 듣기 좋은 말들
이었다.

그것이 왜 듣기 좋은 말일까? 아기 부모의 바람에 들어맞기 때
문이다. 아기의 부모는 아이가 나중에 높은 자리에 오르고 부자
가 되기를 바라기 때문에 타인의 입에서 자신의 바람에 꼭 맞는
말을 듣고 기뻐한 것이다. 덕담을 한 사람들에게는 잘못이 없고,
덕담을 듣고 기뻐한 사람도 사실 잘못한 것은 아니다.

모든 문제는 사람의 집착에 있다. 사람들이 자신의 바람이 이

미 현실인 양 착각하기 때문이다. 태어난 지 갓 한 달 된 아이가 나중에 고위직에 오를 수도 있고, 위대한 작가가 될 수도 있고, 백만장자가 될 수도 있다. 아이는 무궁무진한 가능성을 가지고 있다. 하지만 그건 아직 실현되지 않은 바람이다. 아기는 수많은 가능성을 안고 있지만, 그중 나중에 틀림없이 실현될 일은 오직 하나, 바로 죽음이다.

아기가 커서 고위 공무원이 될지, 대재벌이 될지, 일개 사병에 그칠지, 그건 확실치 않다. 하지만 나중에 무엇이 되든, 어쨌든 죽는 것은 분명하다. 유일한 목적지는 바로 죽음이다. 그런데도 사람들은 이 확실하고도 유일한 사실을 직시하지 않고 불확실성에 도취되어 자신이 원하는 것을 진실이라고 믿어 버린다. 세속에서 유일한 진실은 죽음뿐이지만, 사람들은 그 진실을 똑바로 마주하려고 하지 않는다.

거의 모든 진실에는 정도의 차이만 있을 뿐 전부 금기가 존재한다. 사람들은 진실을 회피하려고 하고, 헛된 망상 속에서 살아간다. 이야기 속 부모와 '거짓말'을 한 사람들은 무의식중에 죽음에 대한 금기에 얽매여 있었던 것이지, 루쉰의 생각처럼 일부러 거짓말을 한 것이 아니다.

금기란 덮어 감추고 위장함으로써 사람들이 진실한 모습을 볼 수 없게 하는 것이다. 금기의 벽을 부수고 진실과 똑바로 마주하는 것이 깨달음과 해탈의 시작이다.

타니자키 주니치로의 소설 중에 옛날 일본의 궁중 생활을 배경으로 한 작품이 있다.

궁중에 사는 한 여인을 사랑하게 된 남자가 그녀를 얻기 위해 온갖 방법을 동원했지만 얻을 수 없었다. 남자는 고뇌했지만, 그녀를 얻을 수 없다는 사실을 인정하느니 차라리 그녀를 사랑하지 않기로 하였다. 어떻게 하면 그녀를 사랑하지 않을 수 있을까? 그녀의 단점들을 떠올려 보았지만 소용이 없었다. 그녀를 향한 사랑은 계속 깊어지기만 하였다.

결국 그는 한 가지 방법을 생각해 냈다. 그녀의 배설물을 보기로 한 것이다. 배설물을 본다면 그녀의 아름다움에 대한 환상이 철저히 깨지고 더 이상 그녀를 사랑하지 않을 수 있을 거라 생각하였다. 그의 그런 생각을 알아챈 그녀가 궁녀에게 자신의 변기통을 정원에 가져다 놓게 하였다. 남자가 그 변기통을 보았을 때 아름다운 꽃을 보고 꽃향기를 맡을 수 있도록 한 것이었다. 결국 남자는 그녀의 배설물을 보고도 그녀를 연모하는 마음이 사라지지 않자 절망하고 자살을 선택하였다.

아무리 아름다운 여자도 배설을 한다. 이는 의심의 여지가 없는 사실이다. 하지만 사람들은 이 사실을 떠올리려고 하지 않고, 그 사실을 직접 눈으로 확인하는 것은 더더욱 거부한다. 눈으로 본 아름다움에만 집착해 아름다움에 대한 환상에 도취되어 있다.

이야기의 남자가 사랑하는 여인의 배설물을 보기로 한 것은 진실한 모습에 용감히 맞서기로 한 것이다. 만약 그의 생각대로 진실한 모습을 보았다면, 집착에서 빠져나오는 데 큰 도움이 되었을 것이다.

불교의 기본 수행에서 '부정관'이 바로 육신의 더러움을 직시함으로써 아무리 아름다운 미인도 그저 평범한 몸뚱이일 뿐임을 깨닫게 하는 것이다. 그녀를 매력적으로 보이게 했던 환상을 걷어 버리면, 미인도 그저 평범한 존재물임을 알고 그녀의 미모에 집착하지 않을 수 있다.

●

모든 진실에는 금기가 숨어 있다.
사람들은 진실을 회피하고자 금기를 만들어 놓고,
헛된 망상 속에서 살아간다.
금기의 벽을 부수고, 진실을 마주하라.
자유로운 삶은 그 자리에서 시작된다.

죽음을 어떻게
생각할 것인가

생후 한 달 된 아이의 축하연에서 아기가 나중에 죽을 것이라고 말한 사람은 동화 《벌거벗은 임금님》 속 아이처럼 우리 모두 앞에 놓인 진실을 이야기했을 뿐이다.

임금님이 벌거벗은 채 자신의 화려한 옷을 자랑하겠다며 거리 행진을 할 때, 사람들은 눈에 보이지도 않는 옷을 멋지다고 찬미하였다. 자신이 어리석은 사람으로 오해받을까 두려웠기 때문이다. 오직 한 아이만이 자기 눈에 보이는 사실, 즉 멋진 옷 따위는 없으며, 임금님이 벌거벗고 있음을 솔직히 이야기하였다.

축하연에서 아기가 나중에 죽을 것이라고 말한 사람도 역시 단순한 진실을 이야기했을 뿐이다. 다른 사람들은 그 진실을 보려고도, 들으려고도 하지 않고, 갖가지 축복의 말로 화려한 가상을 꾸며 내고, 그 안에서 도취되어 있었다. 그러나 생활이 아무리 요란하고 왁자지껄해도 결국에는 죽어서 아무것도 없는 고요한 상태로 돌아간다. 불교에서는 이를 '공무(空無)'와 '적정(寂靜)'이라고 한다.

결국 남는 것은 공무와 적정뿐이다. 우리가 집착하던 수많은 것은 벌거벗은 임금님의 새 옷처럼 그저 환상이다. 하지만 사람들은 이 환상에 도취되기를 좋아한다. 천진난만한 아이와 차가운 이성으로 깨어 있는 어른만이 진실을 말한다. 그 모두가 헛된 것이라는 사실을 말이다.

부처는 죽음의 의미를 깨달았다. 죽음은 인생의 어두운 일면이 아니다. 부처의 사상이 인생의 비극적인 면에서 시작되기는 했지만, 그는 비관적인 사람이 아니었다. 부처에게 죽음이란 '끝남'이 아니라 '올라감'을 의미하였다. 죽음을 인식할 때 우리는 현실 생활에 대한 미련과 집착을 버리고 자아 해방의 첫발을 내딛을 수 있다.

불교의 수행 방법 중 염사(念死)가 바로 죽음에 대해 항상 생각하는 것이다. 염사는 부정관보다 더 근본적인 수행법이다. 일상

생활을 하면서 늘 죽음에 대해 인식하지 않는다면, 진정한 불교도라고 할 수 없다.

라마교 겔룩파 창시자인 종객파는 자신의 유명한 책 《보제도차제략론(菩提道次第略論)》에서 성불하기 위한 수행의 단계를 제시했는데, 이 중 첫 단계가 바로 '염사'다. 종객파는 염사란 "모든 번뇌와 악업을 깨뜨리는 망치"이며, "죽음을 생각하지 않는 것은 모든 쇠손(衰損, 허물어지고 줄어듦)의 문이고, 염사는 모든 원만(圓滿, 순조롭고 완벽함)의 문"이라고 하였다.

그러면 염사는 어떻게 해야 할까?

첫째, 항상 '정사(定死)'를 생각해야 한다. 누구나 반드시 죽으며, 수명이 줄어들 수는 있어도 늘어날 수는 없음을 생각하는 것이다.

둘째, 언제 죽을지는 정해진 것이 아니며, 언제든 죽을 수 있음을 항상 염두에 두어야 한다. 부처도 "목숨은 숨을 한 번 들이마시고 한 번 내쉬는 사이에 있다"라고 하였다.

셋째, 죽을 때 아무것도 가지고 갈 수 없고, 죽음 앞에서는 누구도 자신을 도와줄 수 없고, 오로지 자기 내면의 신념에만 의지할 수 있다는 사실을 항상 생각해야 한다.

한마디로 염사란 늘 죽음을 염두에 두고 생활함으로써 속세의 이익에 대한 애욕을 떨쳐 내는 것을 의미한다.

《죽기 위해 사는 법》은 기타노 다케시의 책 제목이다. 죽음을 인식하고 죽음을 염두에 둔 채 사는 것은 비관적인 태도가 아니라 무한함의 시작이다. 죽음을 생각하는 것만으로도 인생을 낙관적으로 바라볼 수 있다. 축복의 말로 만들어 낸 낙관이 아니라, 바로 현재의 희열을 느끼는 것이다.

많은 사람이 일상생활에만 집중하고, 죽음이라는 진실을 일부러 숨기려 한다. 태어나서 자라는 오랜 세월 동안 죽음을 똑바로 보지 않고, 두려워하거나 아주 먼 일 또는 자신과는 무관한 일이라고 생각한다.

나는 스물다섯 살 때 할머니의 죽음을 계기로 죽음이 내게서 아주 가까운 곳에 있으며, 내 인생에서도 필연적으로 일어날 일임을 실감하였다. 몇 년 뒤 나는 또 친구가 영원히 눈을 감는 것을 지켜보아야 했다. 그때 내가 느낀 전율은 모든 이론과 설교를 초월한 어마어마한 충격이었고, 나는 어떻게든 출구를 찾아야만 하였다. 처음에는 슬프고 비통한 감정이었지만, 그 뒤에 찾아온 것은 더 큰 해방이었다. 현실 생활의 갖가지 모습에서 해방되어 더 넓은 경지로 나아간 것이다.

실연과도 비슷하다. 막 실연했을 때는 슬프지만, 세상에는 내가 사랑할 수 있고, 또 나를 사랑해 줄 사람들이 아주 많다는 것을 깨닫고 나면, 해방감을 느끼기 마련이다.

●

언제든 죽을 수 있다고 생각하라.
그것은 결코 비관적인 삶의 태도가 아니라,
무한함의 시작이다.
죽음을 생각하는 것만으로도
인생을 낙관적으로 바라볼 수 있다.
현재의 삶이 희열이 된다.

무엇이 나를
구속하고 있는가

여름에 우기가 되자 부처가 천상에서 인간 세상으로 내려왔다. 화색(華色)이라는 비구니가 제일 먼저 부처를 만나기 위해 전륜성왕의 몸으로 변신하였다. 그를 본 사람들이 잇따라 양보해 주어 그가 제일 먼저 부처를 만나게 되었다. 그런데 부처가 그에게 말하였다.

"나를 제일 먼저 맞이한 것은 네가 아니라 수보리이다."

그런데 수보리는 부처를 맞이하러 몰려든 인파 속에 있지 않았다. 그는 멀리서 가만히 앉아 많은 사람이 부처가 오기를 기다리는 모습을 지켜보고 있었다. 눈앞의 기상은 성대하지만, 그 기상이 오래 지속될 수 없으며 언제든 사라질 것임을 그는 알고 있었기 때문이다. 부처는 수보리가 모든 법(法)이 결국에는 공(空)임을 알았으므로 그것이야말로 진정으로 부처를 본 것이라고 생각한 것이다.

부처가 수보리에게 "몸의 형상으로 여래를 볼 수 있겠느냐?"라고 물었을 때도 수보리는 "그럴 수 없습니다. 왜냐하면 여래께서 말씀하신 몸의 형상은 진정한 몸의 형상이 아니기 때문입니다"라고 대답하였다.

여기에서 핵심은 '여래를 보다'에 있다. 여래란 부처를 의미한다. 하지만 "여래를 볼 수 있겠느냐?"라고 물은 것은 부처를 볼 수 있느냐는 뜻이 아니라, 진실한 모습, 즉 진상(眞相)을 볼 수 있느냐고 물은 것이다. 다시 말해, 부처의 질문은 겉으로 나타난 형상으로 존재의 진상을 볼 수 있느냐는 뜻이다.

수보리가 "여래께서 말씀하신 몸의 형상은 진정한 몸의 형상이 아니기 때문입니다"라고 대답한 뒤 부처는 굉장히 중요한 말을 하였다.

"모든 형상은 다 허망하다. 모든 형상이 허망하다는 것을 알아야만 여래를 볼 수 있고, 진정한 실체를 알 수 있다."

우리는 가상 속에 살고 있으며, 해탈을 얻으려 한다면 반드시 그 진상을 찾아야 한다.

아기의 축하연에서 그 아이가 나중에 죽을 것이라고 말한 사람이나, 타니자키 주니치로의 소설에서 미인도 배설을 한다는 사실을 인식한 남자는 남들과 마찬가지로 진상의 일부를 보기는 하였다. 하지만 죽음이든 배설물이든, 모두 가장 근본적인 진상이 아니라 낮은 차원의 진상이다.

부처는 세상의 근본적인 진상은 바로 '공(空)'이라고 하였다. 죽음도 가장 근본적인 진상이 아니다. 가장 근본적인 진상은 바로 '공'이다. 공은 삶과 죽음을 초월한다. 어떻게 하면 가장 근본적인 진상을 볼 수 있을까? 금강경에서 반복적으로 나오는 문장 구조에서 '공'으로 향하는 방법을 찾을 수 있다.

금강경에는 긍정하면서도 동시에 부정하는 문장 구조가 자주 등장한다.

"여래가 말한 불국토를 장엄한다는 것은 장엄이 아니기 때문이다. 그래서 장엄이라 한다."

"여래가 말한 반야바라밀이란 곧 반야바라밀이 아니라 그 이름이 반야바라밀이다."

이렇게 부정하지만 또 곧바로 긍정한다. "여래가 말한 몸의 형상은 몸의 형상이 아닙니다"라는 수보리의 말도 그 뒤에 "그 이름이 몸의 형상입니다"라는 말이 생략된 것이다.

글자만을 보고 해석하면 이해가 잘 되지 않는다. "여래가 말한 반야바라밀이란 곧 반야바라밀이 아니라 그 이름이 반야바라밀이다"라는 말을 요즘 말로 바꾸면, "부처가 말한 해탈의 지혜는 사실 해탈의 지혜가 아니라 그저 해탈의 지혜라고 부를 뿐이다"라고 할 수 있다.

언어유희 같은 이런 말로 부처가 전하고자 한 메시지는 무엇일까? 사람들에게 무엇을 깨우쳐 주려 한 것일까?

부처가 우리에게 말해 주고자 한 것은 모든 '이름과 형상'은 가상이라는 사실이다. "형상이 있는 모든 것은 허망하다"라는 말은 이 세상은 인간이 만들어 낸 갖가지 개념과 이름으로 이루어져 있으며, 그 이름과 개념이 우리의 영혼을 구속하고 있다는 뜻이다. 그러므로 해탈의 첫걸음은 바로 이름과 개념을 떨쳐 버리고,

그것에 가려져 있던 진실한 존재를 찾는 것이다.

모든 개념과 이름에 얽매이지 말라는 말에는 부처가 말한 해탈의 법문도 포함된다. 그것도 한 가지 설법일 뿐 절대적인 진리가 아니다. 절대적인 진리는 언어나 개념을 초월한다. 개념과 이름에서 벗어나 근본적인 진상을 본다면 굳이 해탈이 필요하지 않으므로 해탈의 법문이라는 것도 없다.

●

우리 눈앞에 보이는 모든 것,
우리가 말하는 모든 것,
우리가 분류하는 모든 것은 가상이다.
진실은 그 너머에 있다.
모든 이름과 형상으로 가려져 있는
진실한 존재를 상상하는 일이
깨달음의 첫걸음이다.

아름답다는 말은
무엇을 의미하는가

이름은 그저 이름일 뿐이다. 그런데도 우리는 이름이 만든 세상에서 살고 있다.

왕궁에서 5유순(由旬, 고대 인도의 거리 단위) 떨어진 곳에 한 마을이 있었다. 이 마을 사람들이 날마다 국왕을 위해 왕궁까지 물을 날랐다. 그런데 시간이 갈수록 지친 사람들이 마을을 떠나려고 하였다. 그러자 촌장이 국왕을 찾아가서 5유순을 3유순으로 바꾸어 마을과 왕궁의 거리를 좀 더 가깝게 해 달라고 청하였다.

국왕이 그의 말대로 5유순을 3유순으로 바꿔 부르게 하자 사람들이 마을을 떠나지 않았다. 어떤 사람이 실제 거리는 그대로인데 3유순으로 고쳐 봐야 무슨 소용이 있느냐고 했지만, 모두 3유순이 5유순보다 훨씬 가깝다면서 왕궁으로 물을 나르는 일을 계속하였다.

사람들은 이름과 개념을 믿고, 이름과 개념을 가지고 세상을 인식한다. 처음 만난 사람에게 우리가 제일 먼저 물어보는 것이 바로 이름이다.

밀린다 왕이 인도의 승려 나가세나를 만나자마자 제일 먼저 물었다.

"그대의 이름이 무엇입니까?"

나가세나가 대답하였다.

"남들은 나가세나라는 이름으로 저를 알고 있습니다. 하지만 나가세나는 명칭, 호칭, 이름일 뿐입니다. 그 이름으로 저를 알 수는 없습니다. 그렇다면 나가세나란 무엇일까요? 머리카락? 몸에 붙은 털? 손톱? 이런 신체 기관은 나가세나가 아닙니다. 그렇다면 색(色, 형상과 색깔), 수(受, 감정을 느끼는 작용), 상(想, 사물을 마음속에 받아들이고 그것을 연상하는 작용), 행(行, 인연 따라 생겨나서 시간적으로 변천하는 마음의 작용), 식(識, 의식하고 분별하는 마음의 작용)이 나가세나일까요? 역시 아닙니다. 나가세나는 그저 이름일 뿐이며 실체가 없습니다."

나가세나가 밀린다 왕에게 물었다.

"대왕은 수레를 타고 오셨습니까?"
"그렇습니다."
"그렇다면 수레가 무엇인지 설명해 주십시오. 끌채가 수레입니까? 굴대가 수레입니까? 바퀴가 수레입니까? 모두 아닙니다. 그렇다면 수레란 무엇입니까?"

그러자 밀린다 왕도 깨달은 것이 있었다.

"끌채, 굴대, 바퀴 같은 것들이 모여서 수레라는 이름이 생겨난 것입니다. 머리카락, 팔다리, 머리 등이 모여서 나가세나라는 이름이 된 것과 마찬가지입니다. 수레든 사람이든 이름을 가지고는 알 수 없습니다. 이름은 그저 거짓 명칭일 뿐입니다."

금강경의 방식을 빌려 표현하자면 "수레란 사실 수레가 아니다. 단지 수레라는 이름이 있을 뿐이다. 나가세나는 사실 나가세나가 아니다. 나가세나라는 이름이 있을 뿐이다"라고 해야 할 것이다.

모든 것을 이런 문장 구조로 표현할 수 있다. "아름다움은 사실 아름다움이 아니다. 아름다움이라는 이름만 있을 뿐이다"라고 해도 역시 맞는 말이다.

금강경의 이런 표현은 언어의 무력함을 보여 준다. 진상이나 진실한 세계 앞에서 언어는 무력하다. 아니, 무력할 뿐 아니라 허무하다. 세상에 동명이인이 얼마나 많은지 생각해 보라. 나이도 사는 곳도 제각각이지만, 모두 같은 이름으로 불린다.

'수레'라는 명칭도 그렇다. 영어, 러시아어, 불어 등 언어마다 수레를 의미하는 말은 다르지만, 그 말이 가리키는 것은 수레라는 그 교통수단이다. 또 어떤 언어로도 수레라는 그 이름으로 온 세상의 다양한 수레를 다 담아 낼 수는 없고, 어떤 형용사나 명사도 수레를 진정으로 표현해 낼 수는 없다. 실제 수레 앞에서 언어란 무력하기만 하다.

그러므로 중요한 것은 명칭이 아니라, 그 명칭이 가리키는 대상이다. 언어 자체에서 벗어나 실제 대상을 보아야 한다. 중요한 것은 3유순인지 5유순인지가 아니라, 그것이 가리키는 실제 거리가 얼마나 되느냐 하는 것이다.

언어라는 빽빽한 밀림에서 길을 잃어서는 안 된다. 문명에 겹겹이 싸여 있을수록 우리는 진실한 세상에서 점점 멀어지고, 언어, 개념, 제도, 오락 같은 것이 우리를 에워싼다. 자기 해방의 첫 걸음은 모든 언어와 표현에 의문을 갖는 것이다.

예를 들어, 아름다운 것을 보고 아름답다고 말했다면 자기 자신에게 물어보라. 아름다움이란 무엇일까? 아름답다는 말은 무엇을 의미할까? 그 말에만 머물러 그 말에서 비롯된 아름다운 환상에 집착하지 말아야 한다.

우리가 가상에 눈이 머는 것은 사람들이 사용하는 언어와 표현을 당연하게 받아들이고 아무 의심 없이 그것이 진실이라고 믿기 때문이다. 그러므로 언어를 초월해 어떤 것에도 머무르지 말고, 언어와 언어가 만들어 낸 요란한 왕국에 정신을 빼앗겨서도 안 된다. 가장 기본이자 구체적인 사물로 돌아가야만 근본적인 진상이 천천히 눈에 보일 것이다.

●

손가락을 보지 말고, 손가락이 가리키는 대상을 보라.
말에 얽매이지 말고, 말이 표현하는 대상을 보라.

언어와 언어가 만들어 낸 요란한 왕국에
정신을 빼앗기면 진실을 놓치고 만다.

허망한 세상에서
어떻게 소유하고 누릴 것인가

구체적인 사물이 나를 향해 두 팔을 벌리고 있다면, 나도 두 팔을 벌려 그 구체적인 사물을 받아들여야 한다. 언어나 문자는 필요하지 않다. 구체적인 사물이 바로 눈앞에 있으니 말이다.

지난주에 최신형 렉서스를 샀다고 치자. 그것을 운전하고 있는 사람은 바로 자신이고, 그 차의 구석구석을 잘 알고 있을 것이다. 그 차는 실제로 존재한다. 부처는 모든 형상은 허망한 것이라고 했지만, 지금 렉서스 자동차가 눈앞에 또렷하게 존재하고, 핸들을 손으로 직접 만질 수도 있다. 그런데 어떻게 허망한 것일 수가 있을까?

한 친구가 내게 말하였다.

"이름이 헛된 것이라는 말은 이해하기 쉬워. 자동차라는 이름
도 그저 우연히 지어진 것일 뿐, 처음부터 그것을 소라고 불렀다
면 지금 우리는 자동차를 소라고 부르고 있겠지. 그런데 구체적
인 자동차가 헛된 것이라는 말은 잘 이해가 가지 않아. 자네가
마술사처럼 자동차를 눈 깜짝할 사이에 사라지게 만든다면 부처
의 말을 믿어 주지."

물론 나는 자동차를 순식간에 사라지게 만들 수 없다. 부처가
살아 있을 때도 그런 일은 불가능했을 것이다. 부처가 말한 허망
함 또는 공이란 존재하지 않는다거나 없다는 뜻이 아니다. 자동
차는 분명히 존재하며, 지금 이 순간 당신의 것이다. 이 점은 틀
림없는 사실이다.

부처가 말하고자 한 것은 이렇다.

첫째, 광고나 영업 전략, 영업 사원의 홍보, 자동차의 외형, 장
식 등이 만들어 낸 환상이 이 자동차에 고귀함과 우아함 같은 이
미지를 부여해 사람들에게 이 자동차를 가지면 자신도 덩달아
어떤 사람이 될 수 있다는 상상에 빠지게 만들었다는 점이다.

이것이 바로 헛된 환상이다. 외형적인 장식이나 광고 카피, 광고 화면이 아무리 근사해도 자동차는 그저 모터를 달아 달리게 만든 기계일 뿐이다. 그 환상에 도취되어 있다면, 분명히 실망할 것이다. 그러므로 그 환상을 즐기면서도, 자동차를 자동차 그 자체로 바라보고 그 외의 다른 것들은 모두 나의 상상임을 인식할 수 있어야 한다.

여름에는 하늘에 떠 있는 구름이 수많은 형상으로 변한다. 가끔은 강아지 같고, 또 가끔은 원숭이 같다가, 어느새 궁전처럼 변하기도 한다. 그걸 보고 정말로 강아지나 원숭이, 궁전이라고 생각하는 사람이 있다면, 대부분 그를 어리석다고 할 것이다. 그런데 현실에서 우리는 이 구름 강아지를 진실한 것으로 여기면서도 스스로 어리석다고 생각하지 않는다.

둘째, 이것이 자동차가 되고, 또 나의 자동차가 된 것은 여러 가지 요인이 작용한 결과이다. 제 스스로 자동차가 된 것이 아니라 기술, 엔지니어 등 여러 가지 조건이 서로 어울려서 자동차를 만들어 낸 것이다.

자동차가 생산되기까지 여러 가지 인연이 충족되었고, 그런 다음에 또 다른 인연들이 복합적으로 충족되었기 때문에 내가 그것을 사게 되었다. 그중 어떤 요인이 달라졌다면 이 자동차와 나의 관계도 바뀌었을 것이다.

이런 자동차가 만들어지고, 또 나의 소유가 된 것은 어떤 독립적이고 절대적인 요인 때문이 아니다. 그러므로 구체적인 사물을 바라볼 때, 그것을 독립적이고 절대적인 전체로 생각해서는 안 되며, 여러 가지 요인이 복합적으로 작용한 결과로 인식해야 한다.

셋째, 이 자동차가 지금 이 순간에는 차 한 대이고, 또 내게 속해 있지만, 앞으로 다가올 매 분 매 초마다 차의 부품은 계속 노화되고 변화할 것이며, 수많은 불확실성이 닥칠 것이다. 교통사고라든가 나의 경제적 여건 등으로 인해 현재의 상황이 바뀔 수 있다. 현재의 상황은 고정된 것이 아니다. 자동차는 언제든 변할 수 있다. 그러므로 이 자동차를 커다란 조합이자 동태적인 존재로 보아야 한다.

이런 관찰은 일종의 게임과 같다. 하지만 부처는 이 게임을 아주 진지하게 대하였다. 이 게임이 지금 우리가 추구하고 미련을 가지고 있는 것들이 사실은 '허무하고' '믿을 수 없는 것'임을 알려주기 때문이다.

우리는 소유하고 누리는 동시에 그것들에 대한 집착을 버려야 한다. 집착하면 실패하게 된다. 그러므로 부처가 말하는 '공'이란 소극적인 도피가 아니라, 진정한 모습을 용감하게 인정하고, 믿을 수 없는 존재 속에서 믿을 수 있고 변치 않는 것을 찾는 것을 의미한다.

●

만들어진 환상이 아니라
구체적인 사물을 소유하고 누려라.
동시에 그것들에 대한 집착을 버려야 한다.
이것이 믿을 수 없는 존재들 속에서
믿을 수 있고 변치 않는 것을 찾는 삶이다.

직면하는 모든 문제를 어떻게 해결할 것인가

여름 하늘의 구름이 강아지나 원숭이의 모습으로 시시각각 변할 때, 어떤 사람들은 그 강아지와 원숭이가 환상이자 가상이라는 것은 알지만 구름은 진짜라고 생각하고 구름에 집착한다. 부처가 금강경에서 반복해서 설명한 것은 포기하고 집착하지 않아야만 진정으로 얻을 수 있다는 것이다. 부처는 이렇게 단언하였다.

"형상으로 나를 보거나 음성으로 나를 찾으면 그릇된 길을 가는 자이니 여래를 볼 수 없을 것이다."

형상과 소리로 깨달음의 길을 찾는 것은 불가능하다. 부처는 수행자들에게 형식에 연연하지 말라고 가르쳤다. 중요한 것은 가장 근본적인 진상이며, '공'에 대한 깨달음이 없다면 날마다 부처에게 절을 하고 참선을 해도 아무런 도움이 되지 않는다.

혜능은 금강경의 핵심을 아주 깊이 이해했기 때문에 돈오(頓悟), 즉 순간적인 깨달음을 강조하였다. 혜능의 이 깨달음은 금강경에서 나온 것이다. 그 역시 수행 방법은 그저 형식일 뿐이므로 형식에 집착하지 말고, 바로 이 순간에 존재의 진상을 파악함으로써 '공무' 속에 존재해야 함을 강조한 것이다.

이것을 수행자가 아닌 평범한 우리의 삶에 적용시킨다면, 무의미한 형식과 형식이 만들어 낸 환상에 시간과 정력을 낭비하지 말라는 의미가 된다.

어떤 이들은 다양한 연애의 기교에 열중하며 끊임없이 이성을 찾아다니지만, 연애의 근본을 망각하고 있다. 우선 서로 사랑하는 상대를 만나야만 연애의 기교도 의미가 있는 법이다. 그러므로 제일 중요한 것은 판단력이다. 누가 자신을 좋아하고, 자신은 또 누구를 좋아하는지 분명히 알아야 한다. 서로 좋아한다면, 사실 기교 같은 것은 큰 의미가 없다.

소위 부부 문제 전문가라는 사람들이 부부간에 원만하게 지낼 수 있는 방법들을 알려 주지만, 가장 근본이 되는 것을 잊고 있는 경우가 많다. 부부간에 서로 사랑하지 않는다면, 어떤 방법도 소용이 없다. 잠시 인내하는 법을 배운다 해도 진정한 갈등이 안에 감추어져 있다가 결국에는 곪아 터지게 된다.

남녀 관계에서 가장 근본적인 진상은 사랑이다. 데이트, 장미, 결혼기념일의 촛불이나 밸런타인데이에 속삭이는 달콤한 밀어 같은 것들은 중요하지 않다. 중요한 것은 사랑이 어디에 있느냐 하는 것이다. 대부분의 사람들은 살아 있으면서 그 진상을 똑바로 보려고 하지 않고 형식과 기교에만 연연한다.

결혼이 문제가 되는 것은 사람들이 사랑이라는 진상을 직시하려 하지 않기 때문이다. 왜 그럴까? 우리가 희망 사항을 현실이자 도덕규범으로 여기기 때문이다. 영원히 사랑하며 백년해로하는 아름다운 기대 말이다.

소설가 장아이링은 백년해로는 불가능하기에 슬픈 말이라고 하였다. 하지만 사람들은 결혼이 죽을 때까지 영원하길 바라는 마음으로 결혼이라는 형식을 확고하게 못 박아 버렸다. 서로 사랑하든 말든 그건 중요하게 생각하지 않고, 결혼이라는 형식 자체에 만족하고 있다. 하지만 사랑이 존재하지 않으면 형식이 아무리 완벽하다 해도 문제가 해결될 수 없다.

유일한 해결 방법은 결혼의 근본으로 돌아가는 것이다. 사랑이 더 이상 존재하지 않는다면 결혼도 존재하지 않는다. 그러나 동양권 국가에서는 이혼을 부정적으로 여기는 사회적 분위기가 강해서 무슨 일이 있어도 결혼만은 유지하려고 한다. 결국 사랑 없는 결혼이 많아지고, 부도덕한 일들이 더 많아져 버렸다.

근본적으로 남녀 관계의 핵심은 서로 사랑하느냐에 있다. 사랑이라는 근본적인 진상은 덮어 감춘 채 신성한 결혼을 유지하며 백년해로의 신화 속에서 살고 있기 때문에 오히려 혼란스러워졌다.

사회 전체에 이와 유사한 혼란이 팽배해 있다. 가장 이해하기 쉬운 예가 주식 시장일 것이다. 내 주변에도 주식 투자를 하는 사람들이 많다. 그런데 사람이 주식의 주인이 아니라, 주식이 사람의 주인인 것 같다. 그들은 주가가 오르면 기쁨에 도취되어 주가가 계속 오를 것이라 기대하고, 주가가 떨어지면 절망에 빠진다. 주가 등락에 따라 울고 웃는다.

하지만 진정한 고수는 주가가 오르고 내림에 초연하며, 일시적인 등락에 그다지 신경을 쓰지 않는다. 중요한 것은 등락의 주기이며, 그 주기를 파악한다면 주가 등락에 따라 일희일비할 필요가 없다는 사실을 알기 때문이다.

물론 가장 근본적인 진상은 바로 주식 자체의 진정한 가치이다. 각각의 주식은 저마다 가치를 가지고 있다. 그 가치를 벗어난 주가 급등이나 급락은 모두 진실한 것이 아니다. 진정한 고수가 눈앞의 등락에 미혹되지 않는 것은 등락 주기를 파악하고 그 주식의 진정한 가치를 알기 때문이다.

많은 사람이 주가 등락의 환상에 빠져 이익을 찾지만, 결국에는 실패한다. 주가 등락에 관한 전망들이 근본적인 진상이 아니라 기대와 공포를 바탕으로 하고 있기 때문이다. '주식 신화'라는 말이 있다. 신화란 원래 진상이 아니라 사람들의 내면에 깔려 있는 기대와 공포가 투사되어 나온 것이다. 신화는 아주 오랜 옛날에 생겨난 비과학적인 환상이지만, 과학이 발달한 오늘날에도 우리는 여전히 신화적인 분위기에서 살고 있다.

주식 시장은 물론 사회 전반에 걸쳐 신화적인 분위기가 가득 차 있다. 고어 전 미국 부통령이 제작한 〈불편한 진실〉이라는 환경 보호에 관한 다큐멘터리가 있다. 제목이 무척 인상적이다. 그렇다. 인류의 수많은 심리 문제, 사회 문제는 모두 진실을 마주하는 것이 불편하기 때문에 생겨난다.

●

남녀 문제의 핵심은 사랑이다.

사랑하느냐, 사랑하지 않느냐.
주식 투자의 핵심은 주식이 지닌 가치다.
그 외 급등이나 급락은 진실이 아니다.
진실을 마주할 용기가 있는 사람만이
사랑을 얻고, 주식에 성공한다.

어떻게 기대와 두려움에서
벗어날 수 있는가

우리는 번잡하고 화려한 세상에 살고 있다. 곳곳에 영상, 물질, 소리가 넘쳐 나고, 빽빽한 빌딩 숲, 붐비는 거리, 궁전 같은 쇼핑 센터가 들어서 있다. 그 안에 살고 있는 우리는 그것들을 모두 당연하게 여긴다. 그런데 갑작스러운 눈사태가 모든 것을 바꾸었다고 가정해 보자.

자동차가 달릴 수 없고, 현금 지급기에서 돈을 찾을 수도 없으며, 인터넷에 접속할 수도, 텔레비전을 볼 수도 없고, 밤에 술집에 갈 수도 없다. 세상의 모든 화려한 것들이 갑자기 빛을 잃었다. 전기가 없기 때문이다. 전기가 없을 뿐인데 시끌벅적하고 요란했던 것들이 순식간에 사라졌다.

우리가 지금 가지고 있는 것들이 원래 그렇게 취약하다. 이것이 바로 진상이다. 우리 문명이 만들어 낸 번화한 세상은 대자연 앞에서 순식간에 사라져 버린다. 눈사태, 쓰나미 같은 것들은 인류의 생활을 한순간에 원점으로 되돌려 놓을 수 있다. 문명은 겉치레다. 심지어 모든 문명은 인류를 천천히 죽음으로 이끄는 만성 자살이다. 아마도 이것이 바로 고어가 말한 '불편한 진실'일 것이다.

우리는 진상을 맞대면하려 하지 않고 꿈속에서 살려고 한다. 인생은 두 번 살 수 없다. 태어나서 지금까지 계속 죽음을 향해 나아가고 있다. 각 단계에서 이루어 놓은 것들이 모두 기억 속에 영상이 되어 진짜 같기도 하고 환상 같기도 하다. 프로이트는 꿈은 잠재의식에서 나온 것이며, 잠재의식에서 바라는 일이나 두려워하는 일이 꿈으로 나타나는 것이라고 하였다. 기대와 두려움은 동전의 양면과 같다.

두려워하는 것은 잃고 싶지 않기 때문이고, 바라는 것은 얻고 싶기 때문이다. 얻기 전에는 얻길 바라고, 얻고 나면 잃을까 봐 두려워한다. 그러므로 우리는 계속 기대와 두려움 속에서 살아간다. 기대와 두려움 때문에 우리 마음속에 수많은 환상이 생기고 그 환상을 좇아 분주하게 살아간다.

인색한 목동이 있었다. 그에게는 토실토실 살진 양들이 많았다. 한 사기꾼이 그의 양을 빼앗기 위해 그에게 접근하였다.

"아주 먼 곳에 아리따운 아가씨 하나가 있는데, 그 여자를 아내로 맞이할 수 있게 해 주겠소."

아리따운 아가씨가 있다는 말에 귀가 솔깃해진 목동은 자신의 양과 재물을 그에게 주었다. 얼마 뒤 그가 돌아와 그 아가씨가 목동의 아들을 낳았다고 하였다. 목동은 자신이 아버지가 되었다는 사실에 기뻐하며 그에게 더 많은 재물을 주었다. 그런데 얼마 후 그가 돌아와 불행하게도 그 아들이 병이 나서 죽었다고 하였다. 목동이 슬퍼하며 서럽게 통곡하였다. 하지만 그는 그 여자도 아이도 사실은 모두 환상이라는 것을 깨닫지 못하였다.

우리 주변을 살펴보자. 똑똑한 사람들은 아주 많다. 그런데 이 이야기의 어리석은 목동과 비슷하지 않은가? 환상을 좇아 동분서주하며 아등바등 일하면서도 그것이 환상임을 모르고 있으니 말이다.

금강경의 맨 뒷부분에서는 바로 우리 눈앞에 있는 사물로 시선을 돌렸다.

"모든 법이라는 것은 꿈이나 환상, 그림자와 같고 이슬과 같으며 또한 번개와 같으니 마땅히 이처럼 보아야 할 것이다."

이 세상이 허망하다는 진실과 용감히 마주해야 한다. 이 장의 처음으로 돌아가 보자. 만약 부처가 태어난 지 한 달 된 아기의 축하연에 참석했더라면, 그는 무슨 말을 하고 어떤 행동을 했을까?

●

두려워하는 것은 잃고 싶지 않기 때문이고,
바라는 것은 얻고 싶기 때문이다.
얻기 전에는 얻길 바라고,
얻고 나면 잃을까 봐 두려워한다.
기대와 두려움이 만든 환상과 용감히 마주하라.

9장

·

판단은 해도
고집하지는
마라

·

조화로운 삶을 살기 위한 질문들

왜 편견을 버리고
정견을 가져야 하는가

도덕관념이 생기면 그에 따르는 도덕적 행위가 생겨나고, 결혼이라는 관념이 생기면 그 뒤에 결혼이 생겨난다. 또 어떤 가치관이 생기면, 그에 따른 선택이 생겨난다. 관념이 인간의 행위를 지배한다. 편협한 행동은 편협한 관념에서 나오고, 악한 행동은 악한 관념에서 나온다. 그러므로 편협한 행동을 고치고 싶다면 먼저 갖가지 편견을 없애야 하고, 악한 행동을 고치려면 먼저 악한 관념을 버려야 한다.

관념상의 문제 중 가장 흔한 것이 편견이다. 대부분은 편견 속에 살면서도 그 사실을 깨닫지 못한다. 대부분의 사회적인 문제들과 거의 모든 개인적인 문제들은 편견에서 나온다.

편견이란 무엇인가? 한쪽으로 치우친 견해이며, 고정 관념이라고도 부른다. 편견이 때로는 적대감을 의미하기도 한다. 미국 심리학자 엘리엇 애런슨은 편견을 "사람들이 잘못된 또는 불완전한 정보를 개괄적으로 종합해 만들어 낸, 특정 집단에 대한 적대적이거나 부정적인 태도"라고 정의하였다.

편견의 반대말은 정견(正見)이다. 다른 말로는 이치라고 표현할 수 있다. 올바른 관념을 가진 사람은 이치를 아는 사람이다. 이치를 아는 것이 물질적인 지원보다 더 중요하다.

거지에게 돈을 주면 하루 혹은 며칠간 끼니를 해결해 줄 수 있겠지만, 돈이 다 떨어지면 거지는 또 길거리로 나와 구걸을 할 것이다. 하지만 그에게 돈을 벌 수 있는 기술이나 재주, 새로운 인생관을 알려 준다면, 그의 인생을 완전히 바꿔 놓을 수 있다.

빈곤 지역을 도와주는 일도 마찬가지이다. 물론 물질적인 지원도 필요하다. 춥고 배고픈 사람에게 제일 먼저 필요한 것은 물질적 지원이다. 하지만 물질적 지원만으로는 빈곤을 근본적으로 바꿀 수 없다. 빈곤 문제를 근본적으로 해결하려면 교육이 필요하다. 교육을 통해 빈곤 지역 사람들의 관념과 사고방식을 바꾸어 주면 새로운 관념과 사고방식이 그들의 운명을 바꿔 줄 수 있다.

한 미국 학자가 인도에 가서 직접 조사한 결과, 텔레비전이 인도의 가난한 농촌에 지대한 영향을 미쳤음을 발견하였다. 텔레비전의 선명한 화면이 그들에게 또 다른 세상과 도시에 대한 새로운 가치관을 심어 주었고, 많은 젊은이가 텔레비전의 영향으로 농촌을 떠나 도시로 가서 다른 세상을 찾기 시작한 것이다.

부처는 금강경의 대략적인 가르침을 이야기해 준 뒤, 수보리에게 이 불경이 헤아릴 수 없이 큰 공덕을 품고 있으며, 보리심을 지닌 사람들과 최종적인 해탈을 원하는 이들을 위한 것이라고 말하였다. 또 이 불경을 다 읽고 그 가르침을 받아들인 후 남들에게 풀어 설명해 준다면, 불가사의한 공덕을 얻게 될 것이라고 하였다.

부처는 아무리 많은 보물을 보시하고 받는 복덕도 금강경을 읽고 이해하고 남들에게 설명해 줌으로써 얻는 복덕만큼 크지 않을 것이라고 여러 번 강조하였다.

"어떤 보살이 헤아릴 수 없이 넓은 이 세상을 일곱 가지 보석으로 가득 채우는 보시를 하였다. 하지만 선남자와 선여인이 완전한 해탈을 구하는 마음으로 이 경전을 지니고 읽고 남에게 쉽게 풀어 이야기해 준다면, 설령 그중 사구게(四句偈, 핵심 내용을 집약해서 네 글귀로 읊은 게송)만이라도 그렇게 한다면, 앞의 보살보다 훨씬 큰 복덕을 얻을 것이다."

부처는 금강경이 불가사의한 공덕을 품고 있다고 말하였다. 하지만 금강경이라는 불경 자체가 신통한 힘을 가지고 있어서 곁에 두거나 읊는 것만으로도 화를 피할 수 있다는 뜻이 아니다. 부처의 말은 금강경에 담겨 있는 도리가 편견을 고치고 정견을 확립해 주며, 그 정견으로 인해 불가사의한 힘을 낼 수 있다는 뜻이다.

정견을 가진다면 인생이 근본적으로 바뀔 수 있다. 편견을 고치고 정견을 가진다 해도 가난함이나 부유함에는 큰 변화가 없을 수도 있다. 하지만 마음가짐과 행동이 바뀌어 인생에 질적인 변화가 생길 것이며, 그중 가장 큰 변화는 초조함이라는 부정적인 생각이 저절로 사라진다는 점이다.

●

편협한 행동을 고치려면 편견을 버려야 한다.
올바른 행동을 하고 싶으면 올바른 관념을 가져야 한다.
관념의 질적 차이가 인생의 질적 차이를 만든다.
올바른 관념으로 부정적 생각들에서 벗어나라.

어떻게 집착하지
않을 수 있는가

철저한 해탈에 이르는 것은 지금 이 생만을 위한 것이 아니라, 무한한 존재와 전체의 법칙을 위한 것이다. 이것이 바로 금강경이 전하고자 하는 이치이다. 전체의 법칙이란 무엇일까?

금강경에는 이 불경을 지니고 읽고 남들에게 설명하면, 불가사의한 공덕을 얻게 될 것이라는 말이 여러 번 나온다. 제28품에서만 약간의 변화를 주어 "만약 어떤 보살이 갠지스강의 모래처럼 많은 세계를 가득 채울 만큼의 일곱 가지 보석으로 보시를 한다면 큰 공덕을 얻을 것이다. 하지만 '세상 모든 존재에 내가 없음을 깨닫고 인(忍)을 이룬다'는 도리를 깨닫는다면 앞의 보살보다 더 큰 공덕을 얻을 것이다"라고 하였다.

'세상 모든 존재에 내가 없음을 깨닫고 인을 이룬다'는 말은 모든 존재에 절대적인 것은 없으며, 여러 인연이 합쳐져 이루어진 것이므로, 어떤 존재를 보든 내면의 진상을 들여다보고, 표면적인 현상에 영향을 받아서는 안 된다는 뜻이다. 한마디로 표현하면 "집착하지 말라"라는 것이다.

금강경이 가진 불가사의한 힘이란 신통력도 아니고 초능력도 아니다. 금강경에 담긴 "집착하지 말라"라는 가르침이 인생을 모든 구속에서 해탈시켜 온전히 자유로운 존재로 변화시킬 수 있으며, 그것이 바로 불가사의한 힘이다.

참으로 불가사의한 주장이다. 고금을 막론하고 거의 모든 종교와 철학은 한 가지 관점을 제시하면서 그것과 다른 관점을 부정하였다. 부처와 금강경만이 한 가지 관점을 제시하면서도 다른 관점을 부정하지 않았다. 동의도 부정도 하지 않고, 그저 모든 것에 집착하지 말고, 좋아하지도 싫어하지도 말라고 하였다.

가장 혁명적인 것은 "세상 모든 존재에 내가 없음을 깨닫고 인을 이룬다"라는 부처의 말이다. 쉽게 말하면, 모든 현상에 변치 않는 절대적인 본성은 없다는 의미이다. 부처는 자신을 긍정하는 동시에 부정하고, 결국에는 부정하지도 않고 긍정하지도 않았다. 집착하지 말라는 관점에 대해서도 역시 집착하지 않았다.

금강경에서 내놓은 관점을 굳이 정의하자면 '관점이 없는 것'이 바로 관점이다. 부처는 이 세상과 모든 사물에 대해 아무런 관점도 갖지 말라고 하였다. 더 정확하게 말하면, 머릿속을 텅 비워 존재의 본래 모습을 받아들이라는 것이다. 이것이 바로 부처가 다른 사상가나 종교 창시자들과 다른 점이자, 부처의 사상 가운데 가장 매력적인 부분이다.

부처 사상의 근본은 철저하게 뒤바꾸는 것이다. 언어의 배후에 있는 관념에 대해 근본적인 의문을 제기하고, 그 관념을 사람을 가두는 감옥으로 간주하였다. 부처는 이 감옥을 부수고 사람을 의식의 속박에서 해방시켜 자유로운 상태로 되돌려 놓기 위해 모든 노력을 기울였다.

●

어떻게 하면 모든 생의 굴레에서 벗어나
자유롭게 살 수 있을까?
세상과 모든 사물에 대해 아무런 관점도 갖지 않으면 된다.
머릿속을 텅 비워 존재의 본래 모습을 받아들이라.

왜 머릿속을
텅 비워야 하나

우리는 어째서 모든 현상 앞에서 머릿속을 텅 비워야 할까?

부처의 일화를 모아서 기록한 《육도집경》에 이런 이야기가 나온다.

부처가 사위국 기수급고독원에 머물고 있을 때의 일이다. 부처의 제자가 성 안에 갔다가 다른 교파의 수행자들이 경서를 읽으며 토론하고 있는 것을 보게 되었다. 그런데 어느 구절에서 사람들의 견해가 제각각 달랐다. 처음에는 서로 설득하는 듯하더니, 시간이 점점 지날수록 언성 높여 싸웠다.

"나는 법(法)의 의미를 아네. 그런데 자네는 법이 무엇인지 아는가?"

"나의 해석이 이치에 부합해. 자네의 해석은 틀렸어."

"내 말대로 하면 돼. 자네 말은 허튼소리야."

"자네는 지금 아무것도 모르고 멋대로 지껄이는 거야. 내 말이 맞아."

누구도 양보하려 하지 않는 날카로운 설전이 벌어졌다. 부처의 제자가 옆에서 듣고 있자니 누가 맞고 누가 틀렸는지 도무지 알 수가 없었다. 얼마 후, 사람들이 모두 흩어진 뒤 제자가 부처를 찾아가 방금 전에 본 논쟁에 대해 이야기하였다. 그러자 부처가 '장님이 코끼리를 만진' 이야기를 들려주었다.

오랜 옛날 염부제주에 경면왕이라는 국왕이 있었다. 경면왕은 불경을 많이 읽어 지혜가 갠지스강의 모래만큼이나 많았지만, 그의 신하와 백성들은 불경을 읽지 않고 사교를 믿었다. 반딧불의 불빛은 믿으면서 해와 달의 밝은 광채는 의심하는 것과 같았다.

어느 날 경면왕이 궁전의 광장으로 장님들을 불렀다. 경면왕은 장님들 앞에 코끼리 한 마리를 데려다 놓고 각각 코끼리를 만져 보게 하였다. 장님들이 코끼리 주위에 모여 각각 다리, 꼬리, 배, 귀, 머리, 이빨, 코 등을 더듬었다.

잠시 후 경면왕이 물었다.

"모두 코끼리를 보았느냐?"
"보았습니다."
"코끼리가 어떻게 생겼는지 말해 보아라."

그러자 장님들은 자기가 본 것을 앞다투어 말하였다.

다리를 만진 장님은 "옻칠을 한 대나무 통 같사옵니다"라고 말하고, 꼬리를 만진 장님은 "빗자루 같사옵니다"라고 대답하였다. 배를 만진 장님은 "북처럼 생겼습니다"라고 말하기도 하고 "벽을 닮았습니다"라고 말하기도 하였다. 그리고 귀를 만진 장님은 "곡식을 까부르는 키", 이빨을 만진 장님은 "뿔", 머리를 만진 장님은 "절구", 코를 만진 장님은 "두꺼운 밧줄" 같다고 말하였다.

그것을 보고 경면왕이 웃으며 말하였다.

"그대들은 불경을 들어 본 적도 말해 본 적도 없구나."

그러면서 그가 게송을 읊었다.

장님들이 서로 다투며

자기 말이 옳다고들 말하네.

일부만 만져 보고 그것밖에는 없다고 하며

코끼리 한 마리를 가지고 시비를 벌이는구나.

많이 들어 본 이야기일 것이다. 하지만 이 이야기를 보고 누구나 부처의 혁명적인 사상을 이해하는 것은 아니다.

금강경에서 부처는 처음에는 관념의 중요성을 강조하고 관념이 불가사의한 힘을 가졌다고 했지만, 그 뒤에서 또다시 매우 재미있는 주장을 펼쳤다. 바로 아무런 관점도 없어야 한다는 것이다. 어째서 아무런 관점도 없어야 할까?

위 이야기를 보면, 존재(코끼리)는 무한한 전체이지만, 사람들은 모두 유한하다(장님). 시각, 청각 등이 모두 유한하기 때문에 우리가 보고 들을 수 있는 것은 매우 한정되어 있다. 우리가 볼 수 있고 들을 수 있는 것 외에 무한히 많은 것이 있다.

그러므로 우리가 존재 앞에서 어떤 판단을 내리려고 할 때, 반드시 겸허한 태도를 가지고 우리가 알지 못하는 전체를 겸허하게 바라보아야 한다. 어떤 판단을 내려도 좋고, 어떤 도리를 따라도 무방하지만, 그 판단이나 도리는 수많은 판단과 도리 중 하나일 뿐이다. 유일한 진리는 없으며, 모든 것이 그저 일부에 불과하다는 사실을 알아야 한다.

인류의 사상도 이와 같다. 절대적으로 틀린 사상도, 절대적으로 옳은 사상도 없다. 모든 것은 그때그때 상황에 따라 달라진다.

아인슈타인이 상대성 이론을 발표했다고 해서 뉴턴의 만유인력론이 틀린 것은 아니다. 지구의 중력은 여전히 존재한다. 상대성 이론은 그저 하나의 새로운 발견일 뿐이다. 공자의 사상이든 플라톤의 사상이든, 시대가 지났는지 안 지났는지는 중요하지 않다. 인류의 사상은 새로운 것이 등장해도 옛것이 사라지지 않으며, 옳고 그름의 분별도 없다. 그저 부단히 새로운 것을 발견해가는 과정이다.

그러므로 어떤 주장이든 수많은 주장 가운데 하나에 불과하다. 그것을 믿고 따를 수는 있지만, 집착하거나 그것에 얽매여서는 안 된다. 그것 말고도 무궁무진하게 많은 것이 존재하기 때문이다.

부처가 이 불경에 '금강반야바라밀'이라는 이름을 붙인 뒤에 불쑥 이상한 질문을 던졌다.

"수보리야, 여래가 진리를 설명한 적이 있느냐?"

이상한 질문이 아닌가? 앞에서 그렇게 많은 도리를 설명하지 않았는가? 그런데 더 이상한 것은 바로 수보리의 대답이다.

"여래께서는 진리를 설명한 적이 없습니다."

수보리의 대답이 부처의 생각에 들어맞았던 것 같다. 뒤에서 부처는 자신이 연등불로부터 무상정등정각(無上正等正覺, 더할 나위 없는 최고의 깨달음)을 얻지 않았다고 하고, 그 뒤에는 또 "만약 어떤 사람이 여래가 진리를 설명한 적이 있다고 말한다면, 그 사람은 여래를 비방하는 것이다. 그는 내 말의 진정한 뜻을 이해하지 못했기 때문이다. 설법이라는 것은 가히 설할 것이 없음을 가리켜서 설법이라고 말한다"라고 하였다.

또 부처가 열반에 들기 전에 "내가 이 세상에 64년을 머물렀지만, 단 한 글자도 말하지 않았다"라고 했다는 이야기도 있다. "여시아문"으로 시작되는 불경이 그렇게 많은데도, 부처는 "나는 한 글자도 말하지 않았다"라고 하였다.

그의 이 말은 "나는 사람들을 해탈하게 하는 어떤 진리도 알려 주지 않았고, 사람들이 굳게 지켜야 할 어떤 개념이나 이치도 주장하지 않았으며, 그저 사람들이 열린 마음을 가지고 자유로워지도록 이끌어 주었을 뿐이다"라는 뜻으로 이해해야 할 것이다.

●

존재는 무한한 전체이지만,
사람은 모두 유한하다.
우리가 볼 수 있고 들을 수 있는 것 외에
무한히 많은 것이 있기 때문이다.
그러므로 어떤 판단을 내리든,
항상 겸허히 하라.

성공하는 방법은
어디에 있는가

세상에 유일한 진리란 없다. 그러므로 어떤 비결도 믿지 말라. 이 세상에 비결이라고 말할 수 있는 것은 없다.

주식 투자의 성공 비결, 억만장자가 되는 법, 남들에게 인정받는 법, 부자가 되는 100가지 방법, 인맥을 쌓는 기술 등등 수많은 비결과 비법이 사람들을 유혹한다. 하지만 곰곰이 생각해 보라.

주가가 오르고 내리는 것을 정확하게 예측할 수 있고, 돈 버는 비결이 수학 공식처럼 정해져 있다면, 인간관계가 원만해지는 비결이라는 것이 있어서 남이 하는 대로 따라 하기만 하여 정말로 성공할 수 있다면, 세상 모든 이가 누구나 원하는 바를 이루고 사람들 간의 갈등이나 다툼도 일어나지 않을 것이므로, 세계 평화가 이루어지지 않겠는가? 그런데 어째서 아직도 세상은 평화롭지 않을까?

어떤 사람이 누군가 백만장자가 된 비결이 두둑한 배짱으로 과감하게 모험한 것이라고 말한다. 그런데 과감하게 모험하는 사람은 세상에 수없이 많은데, 어째서 그만 백만장자가 된 것인가.

또 어떤 예술가의 성공은 광적인 열정 덕분이라고 말한다. 몇몇 사람에게는 들어맞는 말일 수도 있지만, 똑같이 광적인 열정을 가지고도 그저 미치광이에 지나지 않는 사람들이 세상에는 수없이 많다.

성공 사례는 한없이 과장되고는 한다. 하지만 조금만 더 생각해 보면, 그에 반대되는 사례들을 얼마든지 찾을 수 있다.

로마로 통하는 길은 오직 하나만 있는 것이 아니다. 빌 게이츠, 워런 버핏 등의 성공 비결을 배우고 그들의 성공 전략을 본받아도 상관없다. 하지만 그것만으로 성공할 가능성은 거의 없다고 보아도 무방하다. 특정한 상황에서는 누군가의 방법이 효과를 발휘했지만, 다른 시간과 공간에서는 그 방법이 아무런 효과를 발휘하지 못할 수도 있다. 비록 목표가 같더라도 말이다.

그 때문에 세계적인 주식 투자가 피터 린치는 주식에 투자하려는 사람들에게 이렇게 말하였다.

"애널리스트나 월가의 금융 전문가들을 믿지 말라."

루쉰도 작가가 되고 싶어 하는 젊은이들에게 "소설 작법을 알려 주는 책을 믿지 말라"라고 충고하였다.

온전히 자기 마음과 자기 눈으로 이 세상을 관찰하고 모든 것을 느껴야만 그것이 지혜가 될 수 있으며, 그런 지혜를 가져야만 진정으로 바라는 것을 이룰 수 있다.

●

로마로 통하는 길은 하나만 있는 것이 아니다.
누군가 성공한 방법이라고
모두가 성공하는 방법은 아니다.
온전히 나의 마음과 눈으로 관찰하고 느낀 것이
지혜가 되고, 그것이 성공의 문을 연다.

성공한 삶은 무엇이고
실패한 삶은 무엇인가

'대만의 집시'라는 별명을 가진 유명한 여류 작가 싼마오의 초등학교 시절 이야기이다.

선생님이 '나의 꿈'이라는 주제로 글짓기를 해 오라는 숙제를 내 주었다. 다른 아이들은 과학자, 예술가 등 거창한 꿈을 밝혔지만, 싼마오는 쓰레기를 주우러 다니는 방랑자가 되고 싶다고 썼다. 선생님이 크게 걱정하며 싼마오를 불러 이야기하였다.

"싼마오, 이건 잘못된 생각이야. 어떤 꿈을 갖든 상관없지만, 쓰레기를 줍는 사람이나 방랑자가 되어서는 안 돼."

나도 어릴 적 '나의 꿈'이라는 주제로 글짓기를 한 적이 많다. 물론 요즘 아이들도 마찬가지일 것이다. 그런데 예나 지금이나 아이들이 가지고 있는 꿈이란 것들이 그리 다양하지 않다. 그 꿈들은 자기 자신이 생각해 낸 것이 아니라, 이 사회가 교육 등 여러 가지 방법으로 우리에게 주입시키고, 심지어 강요한 것이기 때문이다.

우리는 어릴 적부터 어떤 꿈을 가져야만 한다고 강요받아 왔다. 우리의 많은 관념과 생각이 사실은 우리 자신의 것이 아니라 사회의 고정 관념이다.

우리가 하는 말들도 마찬가지이다. 우리가 말을 하고 있지만, 사실은 말이 그저 우리 입에서 나오고 있을 뿐, 나의 진정한 생각이 아닌 경우가 많다. 언어와 문자 역시 사회적인 인식이 축적된 것이기 때문이다.

우리는 본래 백지 상태로 태어나지만, 태어나자마자 사회에서 기대하는 사람이 되도록 교육받고 성공을 강요받는다. 성공한 사람이 되어야 한다는 것이 일종의 신념처럼 굳어져서 많은 이가 평생 성공만을 위해 살아간다.

성공하기 위해 악착같이 일하고 있는 사람들에게 "도대체 성공이란 무엇입니까?"라고 물어보면 수많은 대답이 나올 것이다. 으리으리한 별장을 사는 것, 남의 부러움을 사는 직업을 갖는 것, 명문대 진학 등등 저마다 성공을 다르게 정의한다.

또 사람은 같아도 인생의 어느 단계에 있느냐에 따라 성공이 의미하는 바가 달라진다. 대학을 갓 졸업했을 때는 대기업에 취업하는 것이 성공이라고 생각하지만, 시간이 흐르고 나면 어느 직위로의 승진, 얼마만큼의 재산, 돈이 아닌 명예 등 성공에 대한 생각이 달라진다. 저마다 성공을 추구하는 과정에서 계속 목표가 바뀌는 법이다.

그러므로 성공이란 절대적이고 고정된 개념이 아니라, 수시로 바뀌는 개념이다. 그런데도 이 불확실한 개념이 수많은 사람의 생활을 쥐락펴락하고, 인생의 방향을 좌우할 만큼 막강한 힘을 가지고 있다.

이 개념 자체가 허망한 것인가는 중요하지 않다. 중요한 것은 우리 대부분이 그것이 실제로 존재한다고 믿고 있다는 사실이다. 이 개념 때문에 사람들은 인생을 성공한 인생과 실패한 인생 두 가지로 구분한다.

이런 분별심이 우리 생활 곳곳으로 파고들어 사람을 울리기도 하고 웃기기도 한다. 별장을 사는 것이 성공이라고 생각한다면, 별장을 사지 못하면 실패로 여긴다. 명문 대학에 진학하는 것이 성공이라고 여긴다면, 명문 대학에 진학하지 못하면 스스로 실패자라고 생각한다. 임원으로 승진해야 성공했다고 말할 수 있다면, 임원이 되지 못하면 실패한 인생이다.

쌴마오처럼 방랑하며 행복을 느끼는 사람도 있을 것이고, 경비원으로 일하며 보람을 느끼는 사람도 있을 것이다. 또 작은 집에 살고 차 없이 걸어서 출근하며 충만한 행복을 느끼는 사람도 분명히 있다. 하지만 사회적인 시선으로 보면 그들은 실패자이다. 사람들은 그들이 틀림없이 불행할 것이라고 단정 지어 버린다.

그러므로 진정으로 방랑 생활을 좋아하고 그 행복을 누리기 위해서는 용기가 필요하다. 많은 사람이 용기가 없어서 자신이 좋아하는 것을 포기한 채 사회가 성공이라고 규정해 놓은 것을 추구하며 살고 있다. 성공했다는 사람들 중 많은 이가 불안, 초조 등 심리적인 문제나 정신적인 병을 안고 있는 이유가 바로 여기에 있다.

인생의 형태는 들판에서 자라는 풀과 꽃처럼 각양각색이다. 하지만 성공과 실패라는 개념이 이렇게 자연스럽고 다양한 형태의 인생들을 높고 낮음, 우월함과 열등함으로 나누어 버렸다. 이런 구분 때문에 많은 이가 진정한 희열을 억누르고, 사회에서 인정하는 성공의 길을 가기 위해 시간과 정력을 다 바치고 있다.
그리고 어느 순간이 되면, 성공을 거두었든 실패에 머물렀든, 모두 초조함에 휩싸인다.

●

무엇이 성공이고, 무엇이 실패인가?
진정 자신의 모습으로 살려면 용기가 필요하다.
남이 생각하는 행복의 방식과
내가 생각하는 행복의 방식을 구분해서
받아들일 수 있어야 하기 때문이다.

인생을
어떻게 살 것인가

부처는 "설법이라는 것은 가히 설할 것이 없음을 가리킨다"라고 하였다. 그는 모든 개념을 단호히 거부하였다. 일단 말하면 그것이 개념이 되고, 개념은 곧 속박이기 때문이다.

인생은 무한히 생동적이고 다채로운 것이다. 성공과 실패, 이두 가지 개념으로는 결코 인생을 다 담아낼 수 없다. 하지만 대부분의 사람들이 어릴 적부터 성공에 대한 교육을 받고, 일생을 성공이냐 실패냐로 전전긍긍한다. 결국에는 인생에서 누릴 수있는 수많은 즐거움을 포기하게 된다.

성공과 실패 외에도 건강, 아름다움, 결혼 등등 모든 개념과 개

넘을 바탕으로 한 갖가지 관념이 장벽이 되어 우리 주위를 겹겹이 에워싸고, 우리를 좁은 공간에 가둔다. 그 담장 밖에는 시내가 흐르고, 숲이 우거져 있으며, 꽃이 만발하고, 푸른 하늘과 대지가 펼쳐져 있는데도 말이다.

말단 사원이라고 해서 인생의 행복을 누릴 수 없는 것은 아니다. 하지만 성공에 관한 개념 때문에 과장으로 승진하지 못하면 무의미하다는 생각에 사로잡혀 버린다. 대학에 진학하지 않아도 수많은 기회가 있지만, 성공에 관한 개념에 묶여 대학 졸업장이 없으면 인생이 암흑이라고 생각한다.

인생의 다양한 형태와 생활 방식에는 원래 높고 낮음, 우월함과 열등함의 구분이 없다. 어떤 형태와 방식을 가지고 인생을 살든 푸른 하늘과 찬란한 햇빛을 누릴 수 있고, 사계절의 다양함을 감상할 수 있으며, 시간이 흐르며 찾아오는 빛과 그림자를 경험할 수 있다. 인생 자체에 성공과 실패가 있는 것이 아니다. 성공과 실패라는 개념이 사람들의 생활을 성공과 실패로 나눈 것이다.

경비원이나 정원사로 일하며 이미 충분히 행복한데도 사람들이 '학벌 좋은 남자가 경비원이나 정원사로 일하면 실패자다'라는 메시지를 끊임없이 그에게 주입한다. 그러면 그는 스스로 실패했다고 여기고 성공해야 한다는 강박 관념에 휩싸여 초조해지기 시작한다.

경비원 또는 정원사라는 자신의 직업으로 진정한 희열을 느끼고, 인생의 즐거움을 누리는 데 직업은 아무 관계도 없다는 것을 안다면, 또 그것을 누리고자 하는 충분한 용기와 의지가 있다면, 남의 말에 휘둘려 더 나은 지위를 가지기 위해 애쓸 필요가 없다. 그저 자신의 생활 방식을 지키며 자연스럽게 살면 그만이다.

그러므로 "설법이라는 것은 가히 설할 것이 없음을 가리킨다"라는 부처의 말은 모든 개념은 편견이며 인생을 옭아매는 올가미라는 의미이다. 살아 있는 매 순간 모든 개념과 관념을 내려놓아야 한다.

꽃이 만발했을 때 사람들은 "모란꽃이 붉게 피어나서 아름답구나"라고 생각하지만, 부처는 그 모든 개념을 거부하였다. 그 말로 꽃의 존재를 다 담아낼 수 없다는 것을 알고 있었기 때문이다. 그는 꽃이 붉다거나 아름답다거나 하는 생각 없이 그저 꽃을 바라보며 그 존재를 온전히 느끼고자 하였다. 눈앞에 보이는 그 존재를 향해 모든 마음을 열어 놓고 그것을 느끼고 누렸다.

사람을 볼 때도 마찬가지이다. 처음 만나는 사람에게 그의 출신 지역, 직업 같은 것으로 성급하게 개념을 부여하고 단정해서는 안 된다. 모든 개념의 뒤에는 사회에서 만들어 낸 관념과 판단이 숨어 있기 때문이다. 어떤 지역 사람들은 믿을 수 없다거나, 어떤 지역 사람들은 성격이 괴팍하다거나, 또 어떤 직업을 가진 사람들은 돈을 너무 밝힌다거나 하는 선입견들 말이다.

선입견을 가지면 상대를 먼저 판단해 버리게 된다. 게다가 그것은 남이 내려 준 판단이다. 그러므로 모든 개념을 떨쳐 버리고 상대를 있는 그대로 온전히 느껴야 한다.

●

현재 자신의 삶에 희열을 느끼고,
그것을 누리려는 충분한 용기와 의지가 있다면,
남의 말에 휘둘려 더 나아지려고 애쓸 필요가 없다.
그저 자신의 생활 방식을 지키며
자연스럽게 살면 그만이다.

10장

·

나를 벗어나
나로
돌아가라

·

진정한 나로 살기 위한 질문들

나는
누구인가

"형태를 취하지 않으면 늘 한결같아서 움직이지 않느니라."

이 말은 금강경에서 전하는 최고의 가르침이다. 가장 대표적인 예가 남이 자기 몸에 해를 입혔을 때 상대를 원망하지도 않고 분노하지도 않고 그저 담담히 받아들인 것이다. 이는 부처가 전생에 인욕선인(忍辱仙人, 부처가 전생에서 수행할 때 이름)으로 수행하고 있을 때 직접 겪은 일이다.

부처가 숲에서 선정을 하고 있는데, 가리왕이 궁녀들을 데리고 놀러 나왔다. 왕이 실컷 먹고 잠이 들었을 때, 궁녀들이 선정하고 있는 인욕선인을 발견하고 그의 옆으로 모여들었다. 선인이 궁녀들에게 자비와 인욕에 대한 이치를 이야기해 주자 궁녀들이 떠나지 않고 계속 그의 이야기를 들었다. 가리왕이 잠에서 깨어 보니 궁녀들이 선인의 이야기에 심취해 있는 것이 아닌가. 왕이 노발대발하며 선인에게 외쳤다.

"뭘 하고 있는 게냐?"

선인이 대답하였다.

"인욕 수행을 하고 있습니다."

그러자 왕이 이렇게 말하였다.

"그럼 네 수행이 얼마나 깊은지 시험해 보아야겠다. 내가 이 칼로 너의 귀와 사지를 잘라도 네가 화를 내지 않는다면, 네가 인욕 수행을 하고 있다는 걸 믿어 주마."

왕이 칼을 번쩍 쳐들어 선인의 사지를 난도질했지만, 선인은 태연하기만 하였다. 왕이 물었다.

"이래도 성이 나지 않는단 말이냐?"

선인이 대답하였다.

"인욕을 수행하고 있는데, 어찌 성이 날 수 있겠습니까?"

이것이 바로 '늘 한결같아서 움직이지 않는' 최고의 경지다. 부처가 이때 어떻게 태연함을 유지할 수 있었는지 금강경에서 그 이유를 찾을 수 있다. 부처에게 "아상, 인상, 수자상이 없었기" 때문이다. 부처는 "내가 옛적에 온몸의 마디마디와 사지가 찢길 때 만약 아상, 인상, 중생상, 수자상이 있었다면 응당 성내고 원망하는 마음이 생겼을 것이다"라고 하였다.

가장 중요한 것은 '무상(無相)', 즉 형태가 없는 것이다. 무상의 경지에 들어서야만 해탈할 수 있고, 육신의 제약에서 벗어나 무한하고 심오하고 광활한 경지로 돌아갈 수 있다. 그런데 무상의 핵심은 바로 무아(無我)이다. 인상, 중생상, 수자상의 근본이 모두 '나'이기 때문이다. 노자도 《도덕경》에서 "나의 몸이 없다면 무슨 번뇌와 두려움이 있겠는가"라고 하였다.
해탈하려면 반드시 무아를 이루어야 한다. 불교에서 무아는 세 가지 기본 원리 중 하나이며, 다른 두 가지는 '무상(無常)'과 '열반(涅槃)'이다. 여기에 '고체(苦諦)'를 덧붙여 사법인으로 부르기도 한다. 이 기본 원리에 따라 부처의 기본 사상을 한마디로 정리하면 "제행무상(諸行無常), 제행개고(諸行皆苦), 제법무아(諸法無我), 열반적정(涅槃寂靜)"이다.

제행무상이란 모든 사물은 생겨나면 반드시 사라지며 정해진 형태가 없이 수시로 변화한다는 뜻이다. 제행개고란 모든 사물의 운행에는 고통의 씨앗이 심겨 있다는 의미이며, 제법무아란 모든 사물의 운행에는 정해진 주체가 없다는 말이다. 또 열반적정이란 생사윤회를 초월해 적정에 편안히 머무르는 것이 최종적인 해탈이라는 뜻이다.

무상, 고체, 열반은 이해하기가 쉽지만, 무아는 이해하기가 어렵다. 당나라 때 방거사라는 유명한 거사가 있었다. 어떤 승려가 금강경을 가지고 설법하는 것을 듣고 있다가 '무아'와 '무인(無人)'에 대해 설명하자 방거사가 물었다.

"나도 없고 남도 없다면, 지금 누가 이야기를 하고 누가 듣고 있는 것이오?"

그렇다. 내가 없다면 지금 이야기를 하고 있는 사람은 누구이고, 이야기를 듣고 있는 사람은 누구일까? 바로 지금 컴퓨터 앞에 앉아 자판을 두드리고 있는 사람은 누구란 말인가?

무아를 수행하고자 할 때 대부분은 "나는 누구인가?"라는 질문에서 시작할 것이다. 실존주의에서는 "나는 어디에서 와서 어디로 가는가?"라는 질문으로 존재의 근본을 묻는다. 나는 바로 나다. 이 점은 의심의 여지가 없다. 그런데 가만히 생각해 보자. 그렇다면 나는 또 누구인가? 이 문제는 대답하기 힘들다.

한 대학생이 철학 교수에게 질문하였다.

"저를 고민에 빠뜨린 문제가 있습니다. 이따금씩 제가 존재하지 않는다는 생각이 듭니다."

그러자 철학 교수가 반문하였다.

"자네가 존재한다는 걸 누가 모르겠나?"

학생이 대답하였다.

"바로 접니다."

재미있는 이야기가 하나 더 있다.

어떤 여자가 불행한 인생에 절망해 자살하였다. 그녀가 천당 문으로 들어가려는데, 천사가 앞을 가로막았다.

"누구신가요?"
"마리 블래커라고 해요."
"이름이 뭐냐고 묻는 게 아니라 당신이 누구인지 묻는 거예요."
"교사예요."
"당신 직업을 묻지 않았어요. 당신은 누구시죠?"
"잭의 엄마예요."
"누구의 엄마냐고 묻지 않았어요. 당신은 누구시죠?"
"파인트리가 28번지에 살아요."
"주소를 묻지 않았어요. 당신은 누구시죠?"

결국 마리는 "나는 누구인가?"라는 질문의 해답을 찾기 위해 다시 인간 세상으로 돌아갔다.

이 이야기는 불교의 문답집인 《밀린다왕문경》에 나오는 단락을 현대적으로 각색한 것이다. 이 책에서 나가세나가 밀린다왕에게 물었다.

"나가세나라고 불리는 것은 대체 무엇입니까? 머리털이 나가세나입니까?"

나가세나는 신체의 각 부분을 차례로 들며 그것이 나가세나인지 물었다. 밀린다 왕이 모두 아니라고 대답하자 나가세나가 말하였다.

"이렇게 자세히 물어도 나가세나가 무엇인지 찾아내지 못하였습니다. 그러므로 나가세나는 그저 허무한 소리일 뿐입니다."

나가세나는 '나'란 실제로 존재하는 주체가 아니라 여러 가지 형태와 이름이 조합된 것에 불과하다는 사실을 이 이야기를 통해 재미있게 설명하였다. 무상의 관점에서 보면 '나'는 여러 가지 인연이 합쳐진 것이지, 절대적인 실체가 아니다.

《잡니가야(雜尼迦耶)》라는 불서를 보면, 부처가 고체의 관점에서 우리 눈에 보이는 육신이 내가 아님을 이렇게 설명한다.

"육신(色)은 내가 아니다. 만일 육신이 나라면 육신은 고통에 빠지지 않을 것이다. 자기 몸을 마음대로 이렇게 저렇게 할 수 있을 테니 말이다."

하지만 육신은 내가 아니기 때문에 고통에 빠질 수밖에 없다. 마찬가지로 수(受), 상(想), 행(行), 식(識) 모두 내가 아니며, 최종적으로는 마음도 내가 아니다.

"무지한 사람은 4대 원소의 산물에 불과한 나의 육신을 나라고 여기고 마음이 곧 나라고 억지로 우긴다. 왜 그럴까? 사람들이 4대 원소의 산물인 육신을 1년, 2년, 3년, 4년, 5년, 10년, 20년, 30년, 40년, 50년, 100년 심지어 그보다도 더 오랫동안 보기 때문이다. 또 우리가 말하는 마음, 의식 같은 것들이 세월의 흐름에 따라 오르락내리락하고, 숲에서 뛰어다니는 원숭이처럼 이 가지를 붙잡았다가 저 가지를 팽개쳤다가 하기 때문이다."

부처의 뜻은 분명하다. 그가 말한 무아란 내가 없다는 뜻도 아니고, 지금 내 눈앞에 서 있는 사람이 존재하지 않는다는 뜻도 아니다. 그 누구도 확정적이고 절대적이지 않으며, 끊임없이 변화하므로 자아에 집착할 필요가 없다는 의미다. 결국에는 금강경의 핵심인 "집착하지 말라"라는 가르침으로 귀결된다.

●

나는 여러 인연이 합쳐진 것으로
끊임없이 변화하는 존재다.
그런 나에 무엇 때문에 집착하는가?
그러니 최고의 '집착하지 않음'은
바로 나를 내려놓는 것이다.

어떻게
나로 돌아갈 것인가

부처는 자기 자신으로 돌아가라고 누차 강조하였다.

젊은이들이 숲속에서 도망치는 창녀를 잡으려고 찾아다니다가 부처와 마주쳤다. 부처가 무엇을 찾고 있느냐고 묻자, 그들이 창녀를 찾고 있다고 하였다. 그러자 부처가 말하였다.

"어째서 너희 자신을 찾아다니지 않느냐?"

그런데 자기 자신으로 돌아가라고 한다면 금강경에서 말한 무아와 서로 모순되지 않는가?

그렇지 않다. 부처의 가르침을 가만히 살펴보면 전혀 모순되지 않는다. 그리고 다른 각도에서 똑같은 이야기를 하고 있음을 알 수 있다.

부처는 금강경에서 "여래가 말할 때 나라고 하는 것은 내가 있다고 말하는 것이 아니다. 깨우치지 못한 중생들이 내가 있다고 말하는 것이다"라고 하였다.

부처는 내가 존재하지 않는다고 말하지 않았다. 그는 이른바 나라는 것이 헛된 이름이며, 여러 가지 요소가 합쳐져서 이루어지고, 또 생사를 반복하는 가상이라고 하였다. 자기 자신으로 돌아가라고 한 것은 그 가상을 떨쳐 버린 자신, 늘 한결같아서 움직이지 않는 자신으로 돌아가서 번뇌에 흔들리지 말라는 뜻이다.

부처가 말한 무아는 우리가 집착하고 있는 나에서 벗어나야 한다는 의미이다. 그것이 진정한 내가 아니라, 태어나고 죽기를 반복하는 '추한 껍데기'이자 켜켜이 쌓인 '습견(習見, 통념)'에 불과하기 때문이다.

우리는 육신을 우리 자신으로 여기기 때문에 육신의 쾌락에 탐닉한다. 육신의 느낌이 우리의 삶을 지배한다. 추우면 옷을 입어야 하고, 배가 고프면 배불리 먹어야 한다. 또 갖가지 생각과 견해가 인생의 방향을 좌우한다. 많은 사람이 육신과 관념이 지어낸 감옥 안에서 웅크려 살고 있다.

하지만 육신은 그저 육신일 뿐이다. 지금 이 순간에도 죽음에 가까이 다가가고 있는 형체에 불과하다. 육신이 절대이지도 영원하지도 않음을 증명하는 것은 오직 죽음뿐이다. 그러므로 육신의 만족을 위해 노력하더라도 적절한 정도가 있어야 한다. 살기 위해서는 육신이 필요로 하는 것들을 충족해야 하지만, 육신의 노예가 되어서는 안 된다.

명예나 지위는 상대적으로 높은 차원인 듯하지만, 명예나 지위가 바로 자기 자신이라고 생각한다면 틀림없이 실망할 것이다. 명예와 직위는 남들이 만들어 주는 것이지 자신이 결정할 수 있는 것이 아니기 때문이다. 직위가 내려가거나 명성이 수그러들면 무한한 번뇌와 고통이 시작될 수밖에 없다.

관념은 더더욱 우리 자신의 것이 아니다. 관념이란 사회가 가정과 학교를 통해 우리에게 주입한 것이다.

사람들은 대부분 평생 자기 몸과 이름, 무수히 많은 관념과 이념을 위해 살아간다. 안락한 생활, 화려한 별장, 높은 지위, 큰 명예를 얻으면 만족감을 느끼지만, 사실 돼지우리 안에 사는 것과 다르지 않다. 허무함과 번뇌에 영혼을 잠식당했기 때문이다. 그래서 부처는 진정한 자신으로 돌아가 육신, 이름, 관념의 속박을 떨쳐 내고 바로 지금 진정한 자신을 향해 두 팔을 활짝 벌리라고 가르쳤다.

육신이 그대로 있으므로 손가락을 베면 아프고, 직위와 관념이 그대로 있으므로 역시 그로 인한 고통을 느낄 수는 있다. 하지만 그 고통을 관조해야 한다. 시시각각 떠오르는 관념을 느끼고 관조해야 한다. 그러면 육신과 관념에 완전히 복종하지 않을 수 있다. 육신과 관념을 깡그리 없애라는 말이 아니다. 그것들을 내려놓고 무한한 자연, 심오한 근본, 광활한 전체로 돌아가라는 의미이다.

부처는 무아를 통해 더 넓은 시야를 가지고 자기 자신을 바라보는 방법을 우리에게 알려 주었다. 금강경에서 부처는 자신에게 육안(肉眼), 천안(天眼), 혜안(慧眼), 법안(法眼), 불안(佛眼)이 있다고 하였다. 이른바 '오안(五眼)'이란 관조의 방법, 즉 자아를 점점 확대해 근원으로 돌아가는 방법이다.

부처는 신통력을 가진 초월적 존재가 아니다. 그는 관조를 통해 남들은 보지 못하는 것을 보았다. 고요하게 앉아 선정하고, 존

재의 공성을 깨달아 중생을 제도할 수 있다면, 누구든 부처처럼
모든 것을 보고, 모든 것을 다 알 수 있다.

●

육신, 이름, 관념으로 인한 고통을 관조하라.
무한한 자연, 심오한 근본,
광활한 전체 안에 내가 있음을 깨달아라.

부록

·

우리말
금강경
전문

·

제1품
법회가 열린 인연(法會因有分)

나는 부처께 이렇게 들었다.

그때 부처께서 비구 1,250명과 함께 사위국의 급고독장자가 지어 준 기원정사에 계셨다. 하루는 식사 때가 되자 부처께서 가사를 입고 발우를 들고서 걸식하러 사위성에 들어가셨다. 집집마다 다니며 음식을 얻어 가지고 거처로 돌아와 식사를 한 뒤 가사를 정리하고 발우를 씻고 맑은 물에 발을 씻은 다음 자리를 깔고 조용히 앉으셨다.

如是我聞 :

一時佛在舍衛國祇樹給孤獨園, 與大比丘衆千二百五十人俱. 爾時世尊食時, 著衣持鉢, 入舍衛大城乞食. 於其城中, 次第乞已, 還至本處, 飯食訖, 收衣鉢, 洗足已, 敷座而坐.

제2품
수보리가 법을 청하다(善現啓請分)

그때 제자들 중에 수보리라는 존자(尊者)가 자리에서 일어나 오른쪽 어깨를 드러내고 오른쪽 무릎을 땅에 대고 두 손을 합장하며 부처에게 공손하게 여쭈었다.

"위대한 세존이시여. 여래께서는 항상 자비로운 마음으로 모든 보살을 보호하고 염려해 주시며 모든 보살에게 당부하십니다. 그런데 선을 추구하는 선남자와 선여인이 무상정등정각(無上正等正覺)을 구하고 최고의 불도를 이루고자 하면 어떻게 해야 그 마음을 잃지 않고 지킬 수 있습니까? 어떻게 해야 마음속의 헛된 생각을 억누를 수 있습니까?"

부처께서 대답하셨다.

"좋은 물음이구나. 수보리야, 네가 말한 대로 여래는 모든 보살을 잘 보호하고 염려하며 모든 보살에게 당부한다. 이제 네게 말해 줄 테니 잘 들어라. 선을 추구하는 선남자와 선여인이 최고의 불도를 찾으려는 마음을 가지고 있다면 그 마음을 잘 지키고 마음속 헛된 생각을 억눌러야 한다."

수보리가 대답하였다.

"알겠습니다. 세존이시여. 세존의 가르침을 경청하겠습니다."

時, 長老須菩提在大衆中, 卽從座起, 偏袒右肩, 右膝著地, 合掌恭敬而白佛言, "希有, 世尊, 如來善護念諸菩薩, 善付囑諸菩薩. 世尊, 善男子善女人發阿耨多羅三藐三菩提心, 應云何住? 云何降伏其心?"

佛言, "善哉, 善哉, 須菩提, 如汝所說, 如來善護念諸菩薩, 善付囑諸菩薩. 汝今諦聽, 當爲汝說. 善男子善女人, 發阿耨多羅三藐三菩提心, 應如是住, 如是降伏其心."

"唯然, 世尊, 願樂欲聞."

제3품
대승의 바른 종지(大乘正宗分)

부처께서 수보리에게 말씀하셨다.

"모든 보살은 이렇게 헛된 마음을 억눌러야 한다. 생명을 가진 모든 존재는 알에서 태어나든 탯줄을 달고 태어나든, 습한 곳에서 태어나든 아무 과정도 거치지 않고 홀연히 태어나든, 아니면 형상이 있든 없든, 생각이 있든 없든, 생각이 있는 것도 아니고 없는 것도 아니든, 나는 그들이 모두 생사윤회에서 벗어나 열반의 경지에 도달하도록 제도하였다. 그런데 이처럼 헤아릴 수 없이 많은 중생이 철저히 해탈하도록 구제하였지만 실제로 해탈에 이른 중생은 없다. 왜 그럴까? 수보리야, 보살에게 자아의 상(相), 타인의 상, 중생의 상, 수명의 상이 있으면 보살이 아니기 때문이다."

佛告須菩提, "諸菩薩摩訶薩, 應如是降伏其心, 所有一切衆生之類, 若卵生, 若胎生, 若濕生, 若化生, 若有色, 若無色, 若有想, 若無想, 若非有想非無想, 我皆令入無餘涅槃而滅度之. 如是滅度無量無數無邊衆生, 實無衆生得滅度者. 何以故? 須菩提, 若菩薩有我相人相衆生相壽者相, 卽非菩薩."

제4품
머무르지 않는 묘행(妙行無住分)

"또한 수보리야, 보살이 보시를 할 때는 그 어떤 것에도 집착하지 말아야 한다. 빛깔에 집착하지 않고 보시하고, 소리, 향기, 맛, 촉감, 의식에 집착하지 않고 보시해야 한다. 수보리야, 보살은 상에 집착하지 않고 보시해야 한다. 왜 그럴까? 보살이 상에 집착하지 않고 보시하면 그 복덕을 헤아릴 수 없기 때문이다. 수보리야, 너는 어떻게 생각하느냐? 동쪽 허공(공간)을 상상하고 헤아릴 수 있느냐?"

"헤아릴 수 없습니다, 세존이시여."

"수보리야, 남쪽, 서쪽, 북쪽, 동남쪽, 서남쪽, 동북쪽, 서북쪽과 사방 위아래의 허공이 얼마나 넓은지 상상하고 헤아릴 수 있겠느냐?"

"헤아릴 수 없습니다, 세존이시여."

"수보리야, 보살이 상에 집착하지 않고 보시하면 복덕이 이처럼 헤아릴 수 없다. 수보리야, 보살은 반드시 내가 말한 대로 상에 집착하지 않고 수행해야 한다."

"復次, 須菩提, 菩薩於法, 應無所住, 行於布施. 所謂不住色布施,
不住聲香味觸法布施. 須菩提, 菩薩應如是布施, 不住於相. 何以故?
若菩薩不住相布施, 其福德不可思量. 須菩提, 於意云何? 東方虛空
可思量不?"

"不也, 世尊."

"須菩提, 南西北方, 四維上下虛空, 可思量不?"

"不也, 世尊."

"須菩提, 菩薩無住相布施, 福德亦復如是不可思量. 須菩提, 菩薩
但應如所教住."

제5품
진실한 진리를 보다(如理實見分)

"수보리야, 너는 몸의 형상으로 여래를 알 수 있겠느냐?"

"알 수 없습니다, 세존이시여. 몸의 형상으로 여래를 알 수 없
습니다. 왜냐하면 여래께서 말씀하신 몸의 형상은 진정한 몸의
형상이 아니기 때문입니다."

부처께서 수보리에게 말씀하셨다.

"모든 현상은 다 허망하며 진실하지 않다. 모든 현상이 허망하
다는 것을 볼 수 있다면 여래를 볼 수 있을 것이다."

"須菩提, 於意云何? 可以身相見如來不?"

"不也, 世尊. 不可以身相得見如來. 何以故? 如來所說身相, 卽非身相."

佛告須菩提, "凡所有相, 皆是虛妄. 若見諸相非相, 卽見如來."

제6품
바른 믿음은 귀하고 드물다(正信希有分)

수보리가 부처에게 여쭈었다.

"세존이시여, 수많은 중생 가운데 여래의 이런 말씀을 듣고서 굳은 믿음을 가질 수 있는 중생이 있겠습니까?"

부처께서 수보리에게 말씀하셨다.

"그런 말 하지 마라. 여래가 입멸한 후 다섯 번째 500년이 되어도 수행하고 복을 지키며 이 말을 믿고 진실하다고 여기는 이가 있을 것이다. 그런 사람은 한 부처, 두 부처, 세 부처, 네 부처, 다섯 부처에게만 선(善)의 뿌리를 심은 것이 아니라 이미 한없이 아득한 전생에 수많은 부처에게 선의 뿌리를 심은 것이다. 그러므로 그는 이 말을 들으면 곧 진정한 믿음이 생기게 될 것이다. 수보리야, 여래는 이 중생들이 한없는 복덕을 받을 것임을 알고 있고 또 볼 수 있다. 왜 그럴까? 이 중생들은 자아, 타인, 중생, 수명을 구분하는 마음이 없고 유와 무를 구분하는 마음도 내려놓았기 때문이다. 왜냐하면 이 중생들의 마음에 존재에 대한 상이 생기게 되면 자아, 타인, 중생, 수명을 구분하는 데 집착하게 되기 때문이다. 또 존재의 상에 대해 '무'라는 판단을 내린다면 자아, 타인, 중생, 수명에 대한 구분에 집착하게 되기 때문이다. 그러므로 온갖 상에 집착하지 않고 공(空)과 무(無)에도 집착하지 않아야 한다. 이런 뜻에서 여래가 항상 너희들에게 '내가 불법(佛法)을 말하는 것은 너희들을 뗏목에 실어 강을 건너게 해 주는 것과 같아서 피안에 도달하고 나면 뗏목을 버려야 한다는 것을 알아야 한다'고 말하는 것이다. 불법도 버려야 하거늘 하물며 헛된 망상인들 어떻겠느냐."

須菩提白佛言, "世尊, 頗有衆生, 得聞如是言說章句, 生實信不?"

佛告須菩提, "莫作是說. 如來滅後, 後五百歲, 有持戒修福者, 於此章句, 能生信心, 以此爲實. 當知是人, 不於一佛二佛三四五佛而種善根, 已於無量千萬佛所種諸善根. 聞是章句, 乃至一念 生淨信者, 須菩提, 如來悉知悉見, 是諸衆生得如是無量福德. 何以故? 是諸衆生, 無復我相人相衆生相壽者相, 無法相, 亦無非法相. 何以故? 是諸衆生, 若心取相, 卽爲著我人衆生壽者, 若取法相, 卽著我人衆生壽者. 何以故? 若取非法相, 卽著我人衆生壽者. 是故, 不應取法, 不應取非法. 以是義故, 如來常說, 汝等比丘知我說法如筏喩者. 法尙應捨, 何況非法."

제7품
얻은 것도 없고 설한 것도 없다(無得無說分)

"수보리야, 여래가 무상정등정각을 얻었다고 생각하느냐? 여래가 진정으로 어떤 진리를 말했다고 생각하느냐?"

수보리가 말하였다.

"제가 부처께서 말씀하신 뜻을 이해하기로는 무상정등정각이라고 일컬을 만한 절대적인 진리가 없고, 또 여래께서 말씀하실 만한 절대적인 진리도 없습니다. 왜냐하면 여래께서 말씀하신 불법은 모두 집착할 수 없고, 말로 설명할 수도 없으며, 진리도 아니고, 진리가 아닌 것도 아니기 때문입니다. 왜냐하면 모든 성현들이 깨달은 것은 모두 태어남도, 사라짐도 없는 무위(無爲)의 경지이며 단지 깨달음의 정도만 다르기 때문입니다."

"須菩提, 於意云何? 如來得阿耨多羅三藐三菩提耶? 如來有所說法耶?"

須菩提言, "如我解佛所說義, 無有定法名阿耨多羅三藐三菩提, 亦無有定法如來可說. 何以故? 如來所說法, 皆不可取, 不可說, 非法, 非非法, 所以者何? 一切賢聖皆以無爲法而有差別."

제8품
모든 것은 진리에서 나온다(依法出生分)

"수보리야, 어떻게 생각하느냐? 만약 어떤 이가 무수히 많은 보석으로 보시를 한다면 그로 인해 받을 복덕이 많겠느냐?"

수보리가 대답하였다.

"매우 많습니다, 세존이시여. 왜냐하면 그 복덕은 근본적인 복덕이 아니기 때문입니다. 여래께서 세속적인 의미에서 복덕이 많다고 하신 것입니다."

"그런데 다른 누군가가 이 경의 네 구절만이라도 받아 지니고 남에게 이야기해 준다면, 그 사람이 받는 복덕이 보석을 보시하고 받는 복덕보다 많을 것이다. 왜 그렇겠느냐? 수보리야, 모든 부처와 그 부처가 가진 무상정등정법의 법문이 모두 이 경의 큰 지혜에서 나오기 때문이다. 수보리야, 이른바 불법이라는 것도 그저 방편의 하나인 것이다. 근본적으로 말하면 절대적인 불법이란 없다."

"須菩提, 於意云何? 若人滿三千大千世界七寶, 以用布施, 是人所得福德寧爲多不?"

須菩提言, "甚多, 世尊. 何以故? 是福德, 卽非福德性, 是故如來說福德多."

"若復有人於此經中, 受持乃至四句偈等, 爲他人說, 其福勝彼. 何以故? 須菩提, 一切諸佛及諸佛阿耨多羅三藐三菩提法. 皆從此經出. 須菩提, 所謂佛法者, 卽非佛法."

제9품
한 가지 상은 상이 아니다(一相無相分)

"수보리야, 어떻게 생각하느냐? 수다원(須陀洹)이 스스로 수다원의 경지에 도달했다고 생각해도 되겠느냐?"

수보리가 대답하였다.

"아닙니다, 세존이시여. 왜냐하면 수다원은 입류(入流), 즉 열반의 흐름에 들어갈 것이라는 뜻이지만 실제로는 들어간 곳이 없기 때문입니다. 빛깔, 소리, 향기, 맛, 감촉, 생각 같은 경지에 들어가지 않은 것이 진정한 수다원입니다."

"수보리야, 어떻게 생각하느냐? 사다함(斯陀含)이 스스로 사다함의 경지에 도달했다고 생각해도 되겠느냐?"

수보리가 대답하였다.

"아닙니다, 세존이시여. 왜냐하면 사다함을 일왕래(一往來)라고 하여 사다함의 경지에 도달한 사람은 천상에 한 번 태어나고 인간 세상에 한 번 태어나야만 최종적으로 해탈을 얻을 수 있다고 했지만 실은 왕래가 없기 때문입니다. 그것이 진정한 사다함입니다."

"수보리야, 어떻게 생각하느냐? 아나함(阿那含)이 스스로 아나
함의 경지에 이르렀다고 생각해도 되겠느냐?"

수보리가 대답하였다.

"아닙니다, 세존이시여. 왜냐하면 아나함이 불래(不來)라고 하
여 아나함의 경지에 이른 사람은 이미 욕망을 끊어 욕계에 태어
나지 않는다고 했지만 실은 오지 않는 일이 없기 때문입니다. 이
것이 진정한 아나함입니다."

"수보리야, 어떻게 생각하느냐? 아라한(阿羅漢)이 스스로 아라
한의 경지에 이르렀다고 생각해도 되겠느냐?"

수보리가 말하였다.

"아닙니다, 세존이시여. 왜냐하면 아라한은 불생(不生)이라 하
여 마음속에 진리나 상에 대한 집착과 구분이 없는 것을 의미합
니다. 아라한이 스스로 아라한의 경지에 도달했다고 생각한다면
이는 자아의 상, 타인의 상, 중생의 상, 수명의 상에 빠져 있는 것
입니다. 세존이시여, 부처께서 제가 공성(空性)을 이해하고 탐욕
이 없으며 논쟁을 일으키지 않는 경지이자 수행의 으뜸이 되는
경지에 올랐다고 하셨습니다. 즉 욕망을 철저히 끊은 아라한이
되었다고 하셨습니다. 그러나 세존이시여, 저는 스스로 아라한
의 경지에 이르렀다고 생각하지 않습니다. 제가 그렇게 생각한

다면 세존께서 저를 두고 적정(寂靜)과 무쟁(無爭)을 즐기는 이라고 하지 않으셨을 것입니다. 수보리가 분별심과 집착을 철저히 버리고 저의 모든 공덕에 집착하지 않기 때문에 세존께서 저를 두고 수보리는 아란나(阿蘭那) 행을 즐기는 자라고 하신 것입니다."

"須菩提, 於意云何? 須陀洹能作是念, 我得須陀洹果不?"

須菩提言, "不也, 世尊. 何以故? 須陀洹名爲入流, 而無所入. 不入色聲香味觸法, 是名須陀洹."

"須菩提, 於意云何? 斯陀含能作是念, 我得斯陀含果不?"

須菩提言, "不也, 世尊. 何以故? 斯陀含名一往來, 而實無往來, 是名斯陀含."

"須菩提, 於意云何? 阿那含能作是念, 我得阿那含果不?"

須菩提言, "不也, 世尊. 何以故? 阿那含名爲不來, 而實無不來, 是故名阿那含."

"須菩提, 於意云何? 阿羅漢能作是念, 我得阿羅漢道不?"

須菩提言, "不也, 世尊. 何以故? 實無有法名阿羅漢. 世尊, 若阿羅漢作是念, 我得阿羅漢道, 卽爲著我人衆生壽者. 世尊, 佛說我得無諍三昧, 人中最爲第一, 是第一離欲阿羅漢. 世尊, 我不作是念, 我是離欲阿羅漢. 世尊, 我若作是念, 我得阿羅漢道, 世尊則不說須菩提是樂阿蘭那行者. 以須菩提實無所行, 而名須菩提, 是樂阿蘭那行."

제10품
정토를 장엄하다(莊嚴淨土分)

부처께서 수보리에게 말씀하셨다.

"여래가 옛적에 연등불(燃燈佛)로부터 진리를 얻었다고 생각하느냐?"

"아닙니다, 세존이시여. 여래께서 연등불로부터 얻은 진리가 없습니다."

"그렇다면 보살이 이 세계를 더 장엄하게 만들었다고 생각하느냐?"

"아닙니다, 세존이시여. 왜냐하면 보살이 아는 것은 세계의 원래 모습일 뿐이고 그가 사람들에게 가르쳐 주는 것도 역시 이 세계의 원래 모습이기 때문입니다. 그는 이 세계에 새로운 것을 주지 않았고 사람들에게도 새로운 것을 주지 않았습니다. 그러니 어떻게 이 세계를 더 장엄하게 할 수 있겠습니까? 하지만 이 세상의 본래 모습도 소중하고 사람들에게 세계의 본래 모습을 가르쳐 주는 것도 아주 어려운 일입니다. 세계를 생생하게 펼쳐 보여 주는 것은 사람의 마음을 자유롭게 하고 이 세계를 해방시키는 것입니다. 그러므로 보살이 이 세계를 장엄하게 했다고 말할 수 있습니다."

"그러므로 수보리야, 모든 보살은 청정한 마음을 내야 한다. 빛 깔에 얽매여 마음을 일으키지 않고, 소리, 향기, 맛, 감촉, 생각에 집착해 마음을 일으키지도 말아야 하며, 존재하는 모든 것에 머물지도 않고 집착하지도 않고 그저 마음이 물처럼 흘러야 한다. 수보리야, 만약 사람의 몸이 수미산(須彌山)처럼 크다면 그런 몸은 큰 것이냐?"

수보리가 대답하였다.

"세존이시여, 매우 큽니다. 왜냐하면 부처께서 말씀하신 몸은 몸이 아니라 육신의 가상을 떠나 태어나지도 죽지도 않고 늘어나지도 줄어들지도 않음을 깨달은 법신(法身)이기 때문입니다. 그러므로 몸이 큰 것입니다."

佛告須菩提, "於意云何? 如來昔在然燈佛所, 於法有所得不?"

"不也, 世尊. 如來在然燈佛所, 於法實無所得."

"須菩提, 於意云何? 菩薩莊嚴佛土不?"

"不也, 世尊. 何以故? 莊嚴佛土者, 卽非莊嚴, 是名莊嚴."

"是故, 須菩提, 諸菩薩摩訶薩, 應如是生清淨心, 不應住色生心, 不應住聲香味觸法生心, 應無所住而生其心. 須菩提, 譬如有人, 身如須彌山王, 於意云何? 是身爲大不?"

須菩提言, "甚大, 世尊. 何以故? 佛說非身, 是名大身."

제11품
무위의 뛰어난 복덕(無爲福勝分)

"수보리야, 갠지스강에 있는 모래알만큼 많은 갠지스강이 있다면 이 모든 갠지스강의 모래알이 많은 것이겠느냐?"

수보리가 말하였다.

"매우 많습니다, 세존이시여. 모래알만큼의 갠지스강만 해도 셀 수 없이 많은데 하물며 그 많은 갠지스강에 있는 모래알은 얼마나 많겠습니까."

"수보리야, 다시 묻겠다. 선남자와 선여인이 그 갠지스강의 모래알만큼 많은 세계를 금은보화로 가득 채워 보시한다면 그들이 받을 복이 많겠느냐?"

수보리가 말하였다.

"매우 많습니다, 세존이시여."

부처께서 수보리에게 말씀하셨다.

"선남자와 선여인이 이 경에서 네 구절만이라도 마음에 새기고 남에게 쉽게 풀어 이야기해 준다면 그로 인해 받는 복덕이 앞에서 보석을 보시한 보살이 받는 복덕보다 훨씬 더 클 것이다."

"須菩提, 如恒河中所有沙數, 如是沙等恒河, 於意云何? 是諸恒河沙寧爲多不?"

須菩提言. "甚多, 世尊, 但諸恒河尙多無數, 何況其沙."

"須菩提, 我今實言告汝, 若有善男子善女人, 以七寶滿爾所恒河沙數三千大千世界, 以用布施, 得福多不?"

須菩提言, "甚多, 世尊."

佛告須菩提, "若善男子善女人, 於此經中, 乃至受持四句偈等, 爲他人說, 而此福德勝前福德."

제12품
바른 가르침을 존경하다(尊重正敎分)

"그리고 수보리야, 단지 네 구절만이라도 이 경을 풀어 이야기하는 곳이라면 모두 하늘, 인간, 아수라 등 모든 중생이 부처의 탑묘(塔廟)에 하듯이 그곳을 존경하고 공양해야 한다. 하물며 이 경을 전부 이해하고 읽는 사람이랴. 수보리야, 이런 사람은 세상에서 가장 높고 제일 귀하고 드문 일을 이룬 것임을 알아야 한다. 이 경이 있는 곳은 모두 부처가 있는 곳이니 부처나 부처의 제자를 존중하듯 그곳을 존중해야 한다."

"復次, 須菩提, 隨說是經, 乃至四句偈等, 當知此處, 一切世間天人阿修羅, 皆應供養, 如佛塔廟, 何況有人盡能受持讀誦. 須菩提, 當知是人, 成就最上第一希有之法. 若是經典所在之處, 即爲有佛, 若尊重弟子."

제13품
법답게 받아 지니다(如法受持分)

이때 수보리가 부처에게 여쭈었다.

"세존이시여, 이 경의 이름을 무엇이라 해야 하고 또 저희들이 어떻게 믿고 받들고 지녀야 합니까?"

부처께서 대답하셨다.

"이 경의 이름은 《금강반야바라밀》이니 너희들은 이 이름으로 믿고 받들면 된다. 왜냐하면 수보리야, 부처가 피안에 도달하는 지혜를 말하지만 사실 진리에는 절대적인 진리가 없기 때문이다. 부처가 말한 것은 피안에 도달하는 지혜가 아니라 그 이름이 피안에 도달하는 지혜인 것이다. 수보리야, 여래가 어떤 진리를 말하였다고 생각하느냐?"

수보리가 대답하였다.

"세존이시여, 여래께서는 아무것도 말씀하시지 않았습니다."

"수보리야, 삼천대천세계에 있는 티끌이 많은 것이냐?"

수보리가 말하였다.

"매우 많습니다, 세존이시여."

"수보리야, 모든 티끌은 여래가 티끌이 아니라고 말했기 때문에 티끌이라고 부르는 것이다. 세계는 여래가 세계가 아니라고 말했기 때문에 세계라고 부른다. 수보리야, 서른두 가지 몸의 특징을 가지고 여래를 알 수 있다고 생각하느냐?"

"아닙니다, 세존이시여. 서른두 가지 몸의 특징을 가지고 여래를 볼 수 없습니다. 왜냐하면 여래께서 말씀하신 서른두 가지 몸의 특징은 여래의 진정한 본질이 아니라 단지 부르는 수단일 뿐입니다. 그래서 서른두 가지 몸의 특징이라고 부르는 것입니다."

"수보리야, 선남자와 선여인이 갠지스강의 모래알만큼 많은 육신과 생명을 바쳐 보시하더라도, 다른 어떤 사람이 이 경에서 네 구절만이라도 받들어 믿고 지니고 남에게 풀어 이야기해 준다면 그가 받는 복덕이 육신과 생명으로 보시한 이가 받는 복덕보다 훨씬 많을 것이다."

爾時, 須菩提白佛言, "世尊, 當何名此經? 我等云何奉持?"

佛告須菩提, "是經名爲《金剛般若波羅蜜》, 以是名字, 汝當奉持. 所以者何? 須菩提, 佛說般若波羅蜜, 則非般若波羅蜜, 是名般若波羅蜜. 須菩提, 於意云何, 如來有所說法不?"

須菩提白佛言, "世尊, 如來無所說."

"須菩提, 於意云何? 三千大千世界所有微塵, 是爲多不?"

須菩提言, "甚多, 世尊."

"須菩提, 諸微塵, 如來說非微塵, 是名微塵. 如來說世界非世界, 是名世界. 須菩提, 於意云何? 可以三十二相見如來不?"

"不也, 世尊. 不可以三十二相得見如來. 何以故? 如來說三十二相 卽是非相, 是名三十二相."

"須菩提, 若有善男子善女人, 以恒河沙等身命布施, 若復有人, 於 此經中乃至受持四句偈等, 爲他人說, 其福甚多."

제14품
상을 떠나서 적멸하다(離相寂滅分)

그때 수보리가 부처가 이 경에 대해 이야기하는 것을 듣고 그 뜻을 깊이 이해하고는 기뻐 눈물을 흘리며 부처에게 공경하게 말하였다.

"기묘합니다, 세존이시여. 부처께서는 가장 심오한 도리를 이처 럼 분명하게 말씀하셨습니다. 저는 지금까지 모든 현상이 공(空) 임을 꿰뚫어 볼 수 있을 만큼 수행했지만 이런 경은 들어 본 적이 없습니다. 세존이시여, 어떤 사람이 이 경을 듣고 깊이 이해해 관 념과 형상의 속박에서 벗어나 사물의 원래 면모를 볼 수 있다면 그 사람은 가장 귀한 공덕을 이룬 것입니다. 세존이시여, 실상(實

相)이라는 것은 사실 가상(假相)이며 그 이름이 실상일 뿐입니다. 세존이시여, 제가 지금 이런 경전을 듣고서 믿고 이해하고 마음에 새기고 행하는 것은 어렵지 않습니다. 만약 부처께서 입멸하신 뒤 다섯 번째 오백 년, 즉 말법(末法) 시대가 되어서도 어떤 이가 이 경을 듣고서 믿고 이해하고 마음에 새기고 행한다면 그것은 쉽지 않을 것입니다. 왜냐하면 그 사람은 자아의 상, 타인의 상, 중생의 상, 수명의 상이 없는 경지에 도달한 것이기 때문입니다. 왜냐하면 그 사람은 자아의 상, 타인의 상, 중생의 상, 수명의 상이 인연으로 인해 생겨난 환상이지 진정한 상이 아님을 깨달은 것이기 때문입니다. 요컨대 모든 형상이 그저 실상처럼 보이는 것임을 꿰뚫어 보고 그 어떤 형상에도 집착하지 않는다면 그는 부처의 경지에 오른 것입니다."

부처께서 말씀하셨다.

"그렇다, 그렇다. 만약 어떤 사람이 이 경을 듣고서 놀라지 않고 두려워하지 않고 무서워하지 않는다면 그 사람은 아주 귀한 사람이다. 왜냐하면 그 사람은 여래가 말한 최고의 해탈 지혜에 집착해서는 안 되며 그것에 집착하지 않아야만 비로소 최고의 해탈 지혜라는 것을 알기 때문이다."

"수보리야, 인욕의 방법으로 해탈에 도달하는 것도 그렇다. 방법 자체에 집착해 욕됨을 참기 힘들면서 억지로 참는다면 해탈을 얻을 수 없다. 욕됨을 욕됨으로 여기지 않고 자기 마음속에서 아예 없어지도록 해야만 그것을 인욕을 통해 해탈했다고 부를 수 있다. 왜냐하면 수보리야, 내가 옛날 가리왕에게 몸이 갈기갈기 잘려 매의 먹이가 되었을 때 나는 무엇이 나인지 무엇이 타인인지 또 무엇이 중생인지 무엇이 목숨인지도 생각하지 않았기 때문이다. 왜냐하면 나의 사지가 마디마디 잘릴 때 내 마음에 무엇이 나이고 무엇이 타인이고 또 무엇이 중생이고 무엇이 목숨인가에 대한 생각이 있었다면 원망과 미움이 생겨났을 것이기 때문이다. 원망과 미움이 생기면 해탈을 얻을 수 없다."

"수보리야, 내가 가리왕 시대에만 인욕을 실행했다고 생각하지 마라. 나는 과거 오백 세 동안 인욕선인이었고 이미 자아의 상, 타인의 상, 중생의 상, 수명의 상에 집착하지 않았다. 그러므로 수보리야, 보살은 모든 분별심을 버리고 무상정등정각을 구하려고 해야 한다. 보살의 마음은 분별과 한계에 대한 어떤 개념과 형상에도 얽매여서는 안 되고, 형과 색을 가진 그 어떤 사물에도 머무르지 않아야 하며, 그 어떤 소리, 향기, 맛, 생각에도 집착하지 않아야 한다. 보살은 그 무엇에도 집착하지 않는 마음을 가져야 한다. 그 무엇에도 집착하지 않는 마음이 있으면 언제 어디서든 살 수 있지만 또 실은 어디에도 살지 않았다고 말할 수 있다. 보살의 마음은 그 무엇에도 머무르지 않아야 하고 이처럼 집착하지 않는 마음으로 선을 행해야 한다는 나의 말은 바로 이런 뜻이다. 수보리야, 모든 중생을 이롭게 하기 위해 보살은 이렇게 보시해야 한다. 여래가 말한 모든 형상이나 현상은 설명하기 위해 만들어 낸 이름일 뿐 실제로 그런 형상이나 현상이 있다는 뜻이 아니다. 마찬가지로 중생도 만들어 낸 이름이며 사실 중생이라는 것은 없다."

"수보리야, 여래가 설명하는 지혜는 참되고 진실한 것이며, 거짓을 말하지 않고 기괴한 이야기를 하지 않는 것이다. 수보리야, 내가 깨달은 진리는 진실한 것도 아니고 거짓된 것도 아니다. 수보리야, 보살이 대상에 마음을 얽매여 보시한다면 어두운 곳에 들어간 사람이 아무것도 보지 못하는 것과 같고, 보살이 대상에 마음을 얽매이지 않고 보시한다면 밝은 눈을 가진 사람이 햇빛 아래에서 갖가지 형색을 볼 수 있는 것과 같다."

"수보리야, 훗날 선남자와 선여인이 이 경을 믿고 지니고 이해하고 읽는다면, 내가 한없는 지혜로 그들을 알아볼 것이니 그들은 무한한 공덕을 이루게 될 것이다."

爾時, 須菩提聞說是經, 深解義趣, 涕淚悲泣而白佛言, "希有, 世尊! 佛說如是甚深經典. 我從昔來, 所得慧眼, 未曾得聞如是之經. 世尊, 若復有人得聞是經, 信心淸淨, 則生實相, 當知是人, 成就第一希有功德. 世尊, 是實相者, 則是非相, 是故如來說名實相. 世尊, 我今得聞如是經典, 信解受持, 不足爲難. 若當來世後五百歲, 其有衆生得聞是經, 信解受持, 是人則爲第一希有. 何以故? 此人無我相, 無人相, 無衆生相, 無壽者相. 所以者何? 我相卽是非相, 人相衆生相壽者相卽是非相. 何以故? 離一切諸相, 則名諸佛."

佛告須菩提, "如是, 如是. 若復有人得聞是經, 不驚, 不怖, 不畏, 當知是人甚爲希有. 何以故? 須菩提, 如來說第一波羅蜜, 卽非第一波羅蜜, 是名第一波羅蜜."

"須菩提, 忍辱波羅蜜, 如來說非忍辱波羅蜜, 是名忍辱波羅蜜. 何以故? 須菩提, 如我昔爲歌利王 割截身體, 我於爾時, 無我相, 無人相, 無衆生相, 無壽者相. 何以故? 我於往昔節節支解時, 若有我相人相衆生相壽者相, 應生瞋恨."

"須菩提, 又念過去於五百世作忍辱仙人, 於爾所世, 無我相, 無人相, 無衆生相, 無壽者相. 是故, 須菩提, 菩薩應離一切相, 發阿耨多羅三藐三菩提心. 不應住色生心, 不應住聲香味觸法生心, 應生無所住心. 若心有住, 則爲非住. 是故, 佛說菩薩心不應住色布施. 須菩提, 菩薩爲利益一切衆生故, 應如是布施. 如來說一切諸相卽是非相, 又說一切衆生則非衆生."

"須菩提, 如來是眞語者實語者如語者不誑語者不異語者. 須菩提, 如來所得法, 此法無實無虛. 須菩提, 若菩薩心住於法而行布施, 如人入闇, 則無所見, 若菩薩心不住法而行布施, 如人有目, 日光明照, 見種種色."

"須菩提, 當來之世, 若有善男子善女人能於此經受持讀誦, 則爲如來, 以佛智慧, 悉知是人, 悉見是人, 皆得成就無量無邊功德."

제15품
경을 지니는 공덕(持經功德分)

"수보리야, 선남자와 선여인이 복덕을 얻기 위해 아침에 갠지스강의 모래알만큼 많은 생명을 바치고, 낮에도 갠지스강의 모래알만큼 많은 생명을 희생하고, 저녁에도 또 갠지스강의 모래알만큼 많은 생명을 바친다고 치자. 이렇게 백천만 억겁의 생명으로 보시하더라도 다른 어떤 사람이 이 경전을 듣고 그 뜻을 이해하고 굳게 믿는다면 그가 얻는 복덕이 앞에서 말한 사람이 얻는 복덕보다 많을 것이다. 하물며 이 경을 받아 베껴 쓰고 읽고 외우고 남에게 풀어 이야기해 준다면 어떻겠느냐."

"수보리야, 중요한 것은 이 경에 생각할 수도 없고 헤아릴 수도 없는 공덕이 있다는 것이다. 여래는 보리심을 가진 사람들을 위해 말하고, 최고의 해탈을 구하는 사람들을 위해 말하였다. 어떤 사람이 이 경을 이해하고 읽고 남들에게 쉽게 풀어 설명해 준다면, 여래가 그들을 훤히 보고 알 것이므로 그들은 헤아릴 수 없이 끝없고 생각할 수도 없는 공덕을 얻게 될 것이다. 그런 사람들은 여래처럼 무상정등정각을 가지고 불법을 널리 알리는 중요한 책임을 짊어질 수 있을 것이다. 반대로 어떤 사람이 외도(外道)와 소법(小法)을 좋아하면 자아, 타인, 중생, 수명이 실제로 존재한다는 생각에 집착하게 되므로 그는 이 경을 믿고 받들고 읽고 남들에게 풀어 이야기해 줄 수 없다."

"수보리야, 언제 어디서든 이 경이 있다면 하늘, 인간, 아수라 등 모든 중생이 이 경을 공양해야 한다. 이 경이 있다는 것은 부처도 함께 있는 것이므로 이 경이 있는 곳은 부처의 탑이 있는 것과 같다. 그러니 모두 공경하는 마음으로 그 주위를 돌면서 갖가지 꽃과 향으로 공양해야 한다."

"須菩提, 若有善男子善女人, 初日分以恒河沙等身布施, 中日分復以恒河沙等身布施, 後日分亦以恒河沙等身布施. 如是無量百千萬億劫, 以身布施. 若復有人, 聞此經典, 信心不逆, 其福勝彼, 何況書寫受持讀誦爲人解說."

"須菩提, 以要言之, 是經有不可思議不可稱量無邊功德. 如來爲發大乘者說, 爲發最上乘者說. 若有人能受持讀誦廣爲人說, 如來悉知是人, 悉見是人, 皆得成就不可量不可稱無有邊不可思議功德. 如是人等, 則爲荷擔如來阿耨多羅三藐三菩提."

"何以故? 須菩提, 若樂小法者, 著我見人見衆生見壽者見則於此
經, 不能聽受讀誦, 爲人解說."

"須菩提, 在在處處, 若有此經, 一切世間天人阿修羅所應供養. 當
知此處, 則爲是塔, 皆應恭敬, 作禮圍繞, 以諸華香, 而散其處."

제16품
업장을 맑고 깨끗하게 하다(能淨業障分)

"그리고 또 수보리야, 선남자와 선여인이 이 경을 믿고 지니고
읽는데도 남에게 천대를 받는다면 그 선남자와 선여인은 과거의
죄업이 중하여 본래 지옥, 아귀, 축생의 삼악도(三惡道)에 떨어져
야 하지만 이 경을 믿어 과거의 죄업이 소멸되고 그저 남에게 천
대를 받을 뿐인 것이다. 또한 금생에 무상정등정각을 얻을 수도
있다."

"수보리야, 내가 아득한 과거를 회상해 보니 수없이 많은 부처를
만났는데 그중 어느 한 부처도 지나치지 않고 모두 공양하여 섬겼
다. 그런데 훗날 누군가 이 경을 믿고 받들어 공덕을 얻는다면, 그
가 얻은 공덕과 내가 수많은 부처를 공양한 공덕과 비교할 때 나
의 공덕은 그의 백 분의 일, 천 분의 일, 만 분의 일, 천만 분의 일
에도 미치지 못하며 그 어떤 숫자나 비유로도 설명할 수 없다."

"수보리야, 먼 훗날 선남자와 선여인이 이 경을 받아 지니고 읽

고 외워서 얻을 공덕을 내가 일일이 다 말한다면, 어떤 사람은 그것을 듣고서 마음이 혼란스러워 의심하고 믿지 않을 것이다. 수보리야, 이 경은 뜻을 헤아릴 수도 없고 이것을 읽고 외워서 받는 과보도 헤아릴 수 없다는 것을 알아야 한다."

"復次, 須菩提, 善男子善女人受持讀誦此經, 若爲人輕賤, 是人先世罪業應墮惡道, 以今世人輕賤故, 先世罪業則爲消滅, 當得阿耨多羅三藐三菩提."

"須菩提, 我念過去無量阿僧祇劫, 於然燈佛前, 得値八百四千萬億那由他諸佛, 悉皆供養承事, 無空過者. 若復有人於後末世, 能受持讀誦此經, 所得功德, 於我所供養諸佛功德, 百分不及一, 千萬億分乃至算數譬喩所不能及."

"須菩提, 若善男子善女人於後末世, 有受持讀誦此經, 所得功德, 我若具說者, 或有人聞, 心則狂亂, 狐疑不信. 須菩提, 當知是經義不可思議, 果報亦不可思議."

제17품
궁극에는 내가 없다(究竟無我分)

그때 수보리가 부처께 여쭈었다.

"세존이시여, 선남자와 선여인이 무상정등정각에 도달하고 최고의 해탈을 이루고자 하는 마음이 있다면 그 보리심을 어떻게 지켜야 합니까? 또 헛된 생각이 떠오른다면 어떻게 그것을 억눌러야 합니까?"

부처께서 수보리에게 말씀하셨다.

"선남자와 선여인이 최고의 해탈을 이루고자 한다면 이런 마음을 가져야 한다. '나는 모든 중생을 제도하여 그들이 고통에서 벗어나 기쁨을 얻도록 하겠다.' 그러나 모든 중생을 제도하여도 마음속으로는 모든 중생을 제도하겠다는 생각을 가져서는 안 된다. 왜냐하면 수보리야, 보살이 자아의 상, 타인의 상, 중생의 상, 수명의 상에 집착하면 보살이 아니기 때문이다. 왜냐하면 수보리야, 근본적으로 말해서 완전한 해탈을 추구할 수 있는 방법이 없기 때문이다. 수보리야, 여래가 연등불로부터 깨달음을 얻었을 때 진정으로 무상정등정각이라는 것을 얻었다고 생각하느냐?"

"아닙니다, 세존이시여. 제가 부처께서 설하신 뜻을 이해하기로는 부처께서 연등불로부터 무상정등정각이라는 것을 얻으신 일이 없습니다."

부처께서 말씀하셨다.

"그렇다, 그렇다. 수보리야, 나를 완전한 깨달음으로 인도할 수 있는 정해진 방법은 없다. 내가 어떤 방법으로 깨달음을 얻었다면 연등불께서 나에게 '너는 내세에 부처가 되어 석가모니라고 불릴 것이다'라고 말씀하시지 않았을 것이다. 깨달음을 얻을 수 있는 정해진 방법이 없기 때문에 연등불께서 나에게 '너는 내세에 부처가 되어 석가모니라고 불릴 것이다'라고 하신 것이다. 왜냐하면 여래란 참모습이며 만법이 모두 참모습이라는 뜻이기 때문이다. 어떤 사람이 여래가 연등불로부터 무상정등정각을 얻었다고 말하더라도, 수보리야, 너는 여래 자체는 형태도 모습도 없는 것이므로 부처가 깨달음을 얻었을 때 무상정등정각이라는 불법을 얻은 것이 아님을 알아야 한다."

"수보리야, 여래가 얻은 무상정등정각은 있는 것도 아니고 없는 것도 아니며, 있기도 하고 없기도 하다. 그러므로 여래는 세상의 일체법(一切法)이 모두 불법(佛法)이라고 말하는 것이다. 수보리야, 일체법은 일체법이 아니기 때문에 일체법이라고 부르는 것이다. 수보리야, 이것은 사람의 몸이 크다고 하는 것과 같다."

수보리가 말하였다.

"세존이시여, 여래께서 말씀하신 사람의 몸이 크다는 것은 진정으로 몸이 크다는 것이 아닙니다. 그래서 몸이 크다고 하셨습니다."

부처가 말씀하셨다.

"수보리야, 보살도 그러하다. 만약 어떤 보살이 '나는 중생의 모든 번뇌를 없애고 모든 중생을 제도해야 한다'고 말하면 그는 보살이 아니다. 왜냐하면 수보리야, 일체법에 대한 집착에서 완전히 벗어나야만 진정한 보살이기 때문이다. 그러므로 부처가 일체법에는 자아도, 타인도, 중생도, 수명의 구분도 없다고 말한 것이다."

"수보리야, 보살이 '내가 공덕으로 불국토를 장엄하게 하겠다'고 말하면 그는 보살이라고 할 수 없다. 왜냐하면 여래가 말한 불국토를 장엄하게 하는 것은 진정으로 불국토를 장엄하게 하는 것이 아니기 때문이다. 진정한 장엄은 이룰 수 없다. 마음을 청정하게 하고 분별심을 일으키지 않는 것을 장엄이라고 한다. 수보리야, 보살이 무아(無我)의 도리를 알 수 있다면 여래는 그가 진정으로 보살의 경지에 이르렀다고 말할 것이다."

爾時, 須菩提白佛言, "世尊, 善男子善女人, 發阿耨多羅三藐三菩提心, 云何應住? 云何降伏其心?"

佛告須菩提, "善男子善女人 發阿耨多羅三藐三菩提者, 當生如是心, 我應滅度一切衆生, 滅度一切衆生已, 而無有一衆生實滅度者. 何以故? 須菩提, 若菩薩有我相人相衆生相壽者相, 則非菩薩. 所以者何? 須菩提, 實無有法, 發阿耨多羅三藐三菩提者. 須菩提, 於意云何? 如來於然燈佛所, 有法得阿耨多羅三藐三菩提不?"

"不也, 世尊. 如我解佛所說義, 佛於然燈佛所, 無有法得阿耨多羅三藐三菩提."

佛言, "如是, 如是, 須菩提, 實無有法, 如來得阿耨多羅三藐三菩提. 須菩提, 若有法, 如來得阿耨多羅三藐三菩提者, 然燈佛則不與我受記, '汝於來世當得作佛, 號釋迦牟尼.' 以實無有法得阿耨多羅三藐三菩提, 是故然燈佛與我受記, 作是言, '汝於來世當得作佛, 號釋迦牟尼.' 何以故? 如來者, 卽諸法如義. 若有人言, 如來得阿耨多羅三藐三菩提, 須菩提, 實無有法, 佛得阿耨多羅三藐三菩提. 須菩提, 如來所得阿耨多羅三藐三菩提, 於是中無實無虛. 是故如來說一切法皆是佛法. 須菩提, 所言一切法者, 卽非一切法, 是故名一切法. 須菩提, 譬如人身長大."

須菩提言, "世尊, 如來說人身長大, 則爲非大身, 是名大身."

"須菩提, 菩薩亦如是. 若作是言, 我當滅度無量衆生, 則不名菩薩. 何以故? 須菩提, 實無有法名爲菩薩. 是故, 佛說一切法無我, 無人, 無衆生, 無壽者. 須菩提, 若菩薩作是言, 我當莊嚴佛土, 是不名菩薩. 何以故? 如來說莊嚴佛土者, 卽非莊嚴, 是名莊嚴. 須菩提, 若菩薩通達無我法者, 如來說名眞是菩薩."

제18품
모든 것을 하나로 보다(一切同觀分)

"수보리야, 여래의 눈이 보통의 색과 형태를 볼 수 있다고 생각하느냐?"

"그렇습니다, 세존이시여. 여래의 눈은 볼 수 있습니다."

"수보리야, 여래의 눈이 아주 멀리 있는 것과 아주 넓은 것, 아주 미세한 것을 볼 수 있다고 생각하느냐?"

"그렇습니다, 세존이시여. 여래는 볼 수 있습니다."

"수보리야, 여래가 만법이 공(空)임을 볼 수 있다고 생각하느냐?"

"그렇습니다, 세존이시여. 여래는 볼 수 있습니다."

"수보리야, 여래의 눈이 모든 법을 볼 수 있다고 생각하느냐?"

"그렇습니다, 세존이시여. 여래는 볼 수 있습니다."

"수보리야, 여래의 눈이 모든 것의 모든 것을 볼 수 있다고 생각하느냐?"

"그렇습니다, 세존이시여. 여래는 볼 수 있습니다."

부처께서 또 물었다.

"수보리야, 갠지스강의 모든 모래알처럼 부처가 말한 모래가 모래라고 생각하느냐?"

"그렇습니다, 세존이시여. 여래께서 모래를 말씀하셨습니다."

"수보리야, 갠지스강의 모래알만큼 많은 갠지스강이 있고, 또 그 많은 갠지스강의 모든 모래알만큼 불국토가 있다면 그것이 많다고 생각하느냐?"

수보리가 대답하였다.

"매우 많습니다, 세존이시여."

부처께서 말씀하셨다.

"네가 있는 그 국토에 있는 모든 중생과 그들의 갖가지 마음을 여래는 다 안다. 왜냐하면 여래가 말하는 갖가지 마음이 모두 진정한 마음이 아니라 마음이라고 이름 붙인 것일 뿐이기 때문이다. 왜냐하면 수보리야, 과거의 마음을 얻을 수도 없고, 현재의 마음도, 미래의 마음도 역시 얻을 수 없기 때문이다."

"須菩提, 於意云何? 如來有肉眼不?"

"如是, 世尊, 如來有肉眼."

"須菩提, 於意云何? 如來有天眼不?"

"如是, 世尊, 如來有天眼."

"須菩提, 於意云何? 如來有慧眼不?"

"如是, 世尊, 如來有慧眼."

"須菩提, 於意云何? 如來有法眼不?"

"如是, 世尊, 如來有法眼."

"須菩提, 於意云何? 如來有佛眼不?"

"如是, 世尊, 如來有佛眼."

"須菩提, 於意云何? 如恒河中所有沙, 佛說是沙不?"

"如是, 世尊, 如來說是沙."

"須菩提, 於意云何? 如一恒河中所有沙, 有如是等恒河, 是諸恒河
所有沙數佛世界, 如是寧爲多不?"

"甚多, 世尊."

佛告須菩提, "爾所國土中, 所有衆生若干種心, 如來悉知. 何以故?
如來說諸心, 皆爲非心, 是名爲心. 所以者何? 須菩提, 過去心不可
得, 現在心不可得, 未來心不可得."

제19품
법계를 두루 교화하다(法界通化分)

"수보리야, 어떤 사람이 헤아릴 수 없이 많은 보석으로 보시한
다면 그가 그로 인해 많은 복덕을 얻겠느냐?"

"그렇습니다, 세존이시여. 그는 그 인연으로 아주 많은 복덕을
얻을 것입니다."

"수보리야, 복덕이라는 것이 실제로 있다면, 여래가 복덕이 많
다고 말하지 않았을 것이다. 복덕이라는 것이 본래 공(空)이기
때문에 많은 복덕을 얻을 것이라고 여래가 말한 것이다."

"須菩提, 於意云何? 若有人滿三千大千世界七寶以用布施, 是人
以是因緣得福多不?"

"如是, 世尊. 此人以是因緣得福甚多."

"須菩提, 若福德有實, 如來不說得福德多. 以福德無故, 如來說得福德多."

제20품
색과 상을 떠나다(離色離相分)

"수보리야, 우리가 완전무결한 몸으로 부처를 볼 수 있다고 생각하느냐?"

"아닙니다, 세존이시여. 완전무결한 몸으로 여래를 볼 수 없습니다. 왜냐하면 여래께서 말씀하신 완전무결한 몸은 완전무결한 몸이 아니라 그저 완전무결한 몸이라고 부를 뿐이기 때문입니다."

"수보리야, 갖가지 완전무결하고 장엄한 형상으로 여래를 알 수 있다고 생각하느냐?"

"아닙니다, 세존이시여. 갖가지 장엄한 형상으로 여래를 볼 수 없습니다. 왜냐하면 여래께서 말씀하신 갖가지 장엄한 형상이란 장엄한 형상이 아니기 때문입니다. 실은 장엄함이란 얻을 수 없는 것이며 그저 장엄한 형상이라고 부를 뿐입니다."

"須菩提, 於意云何? 佛可以具足色身見不?"

"不也, 世尊. 如來不應以具足色身見. 何以故? 如來說具足色身, 卽非具足色身, 是名具足色身."

"須菩提, 於意云何? 如來可以具足諸相見不?"

"不也, 世尊. 如來不應以具足諸相見. 何以故? 如來說諸相具足, 卽非具足, 是名諸相具足."

제21품
설했지만 설한 것이 없다(非說所說分)

"수보리야, 너는 여래가 '내가 모든 법을 말해야 한다'고 생각하고 있다고 여기지 마라. 절대로 그런 생각을 하지 마라. 왜냐하면 어떤 사람이 여래가 설법을 했다고 말하면 그는 부처를 비방하는 것이며 내 말을 진정으로 이해하지 못한 것이다. 수보리야, 설법이란 설할 만한 법이 없는 것이다. 그래서 설법이라 부른다."

그때 존자 수보리가 부처에게 여쭈었다.

"세존이시여, 훗날 이 불법을 듣고 믿음을 가질 중생이 있겠습니까?"

부처께서 대답하셨다.

"수보리야, 그들은 중생이 아니고 중생이 아닌 것도 아니다. 중생이란 여래가 중생이 아니라고 말했기 때문에 중생이라고 부를 뿐이다."

"須菩提, 汝勿謂如來作是念, 我當有所說法. 莫作是念! 何以故?

若人言如來有所說法, 卽爲謗佛, 不能解我所說故. 須菩提, 說法者
無法可說, 是名說法."

爾時, 慧命須菩提白佛言, "世尊, 頗有衆生於未來世聞說是法, 生
信心不?"

佛言, "須菩提, 彼非衆生, 非不衆生. 何以故? 須菩提, 衆生衆生
者, 如來說非衆生, 是名衆生."

제22품
법은 얻어질 수 없다(無法可得分)

수보리가 부처에게 여쭈었다.

"세존이시여, 부처께서 무상정등정각의 지혜를 얻었다는 것도
얻으신 게 없다는 말씀입니까?"

"그렇다, 그렇다. 수보리야, 내가 무상정등정각의 최고 불법에
대해 아무것도 얻은 것이 없고, 마음속에 불법을 얻었다는 생각
이 하나도 없기 때문에 이를 무상정등정각이라 한다."

須菩提白佛言, "世尊, 佛得阿耨多羅三藐三菩提, 爲無所得耶?"

佛言, "如是如是. 須菩提, 我於阿耨多羅三藐三菩提, 乃至無有少
法可得, 是名阿耨多羅三藐三菩提."

제23품
깨끗한 마음으로 선을 행하다(淨心行善分)

"그리고 수보리야, 이 무상정등정각이라는 것은 모든 것이 평등하여 높고 낮음이 없으므로 무상정등정각이라고 부르는 것이다. 자아, 타인, 중생, 수명의 구분에서 벗어나 온갖 선법(善法)을 닦으면 무상정등정각을 얻을 수 있다. 수보리야, 선법이라는 것에 대해 여래는 선법이 아니라고 말하였다. 그저 선법이라고 부를 뿐이다."

"復次, 須菩提, 是法平等, 無有高下, 是名阿耨多羅三藐三菩提. 以無我無人無衆生無壽者修一切善法, 則得阿耨多羅三藐三菩提. 須菩提, 所言善法者, 如來說非善法, 是名善法."

제24품
복과 지혜는 비교할 수 없다(福智無比分)

"수보리야, 어떤 사람이 삼천대천세계에 있는 모든 수미산만큼 쌓은 보석 무더기로 보시하고, 또 다른 어떤 사람이 이 《반야바라밀경》에서 네 구절만이라도 받아 지녀서 읽고 외우고 남에게 풀어 이야기해 준다면, 앞의 사람이 보시해서 얻는 복덕이 뒤의 사람이 얻는 복덕의 백분의 일, 백천만억 분의 일에도 미치지 못하며, 어떤 계산이나 비유로도 비교할 수 없을 것이다."

"須菩提, 若三千大千世界中, 所有諸須彌山王, 如是等七寶聚, 有
人持用布施, 若人以此《般若波羅蜜經》, 乃至四句偈等, 受持讀誦
爲他人說, 於前福德, 百分不及一, 百千萬億分, 乃至算數譬喩所不
能及."

제25품
교화하되 교화하는 바가 없다(化無所化分)

"수보리야, 너희는 여래가 '내가 중생을 제도해야겠다'는 생각
을 가지고 있다고 여기지 마라. 수보리야, 절대로 그런 생각을 갖
지 마라. 왜냐하면 여래가 제도한 중생이 없기 때문이다. 만약
여래가 제도한 중생이 있다면 여래에게 자아, 인간, 중생, 수명의
분별심이 있게 된다."

"수보리야, 여래가 '나'라고 말했을 때 사실은 '나'가 없는 것이
다. 하지만 평범한 범부(凡夫)들은 '나'가 있다고 여긴다. 수보리
야, 범부라는 것도 여래는 범부가 아니라고 하였다. 그것은 그저
범부라고 부를 뿐이다."

"須菩提, 於意云何? 汝等勿謂如來作是念, 我當度衆生. 須菩提,

莫作是念! 何以故? 實無有衆生如來度者, 若有衆生如來度者, 如來
則有我人衆生壽者."

"須菩提, 如來說有我者, 則非有我, 而凡夫之人以爲有我. 須菩提,
凡夫者, 如來說則非凡夫, 是名凡夫."

제26품
법신은 상이 아니다(法身非相分)

"수보리야, 서른두 가지 형상으로 여래를 볼 수 있다고 생각하
느냐?"

수보리가 대답하였다.

"그렇습니다, 그렇습니다. 서른두 가지 형상으로 여래를 볼 수
있습니다."

부처께서 말씀하셨다.

"수보리야, 서른두 가지 형상으로 여래를 볼 수 있다면, 전륜성
왕(轉輪聖王)도 여래일 것이다."

수보리가 부처에게 말하였다.

"세존이시여, 제가 부처의 말씀을 이해하기로는 서른두 가지
형상으로 여래를 보아서는 안 됩니다."

그때 세존께서 게송으로 말씀하셨다.

형상으로 나를 보거나

음성으로 나를 찾으면

그릇된 길을 가는 자이니

여래를 볼 수 없으리.

"須菩提, 於意云何? 可以三十二相觀如來不?"

須菩提言, "如是如是, 以三十二相觀如來."

佛言, "須菩提, 若以三十二相觀如來者, 轉輪聖王則是如來."

須菩提白佛言, "世尊, 如我解佛所說義, 不應以三十二相觀如來."

爾時, 世尊而說偈言,

若以色見我,

以音聲求我,

是人行邪道,

不能見如來.

제27품
아무것도 없는 것은 아니다(無斷無滅分)

"수보리야, 네가 '여래는 모든 특징을 잘 갖추고 있으므로 무상
정등정각을 얻었다'고 생각한다면, 그런 생각을 하지 마라. 수보

리야, '여래가 모든 특징을 잘 갖추고 있지 않기 때문에 무상정등
정각를 얻었다'고 생각하지 마라. 수보리야, 네가 '무상정등정각를
구하려는 자는 일체법을 단멸(斷滅)한다'고 생각한다면, 더더욱
그런 생각을 하지 마라. 왜냐하면 무상정등정각을 구하는 사람은
일체법에 대해 단멸상(斷滅相)으로 판단하지 않기 때문이다."

"須菩提, 汝若作是念, 如來不以具足相故, 得阿耨多羅三藐三菩
提. 須菩提, 莫作是念, 如來不以具足相故, 得阿耨多羅三藐三菩提.
須菩提, 汝若作是念, 發阿耨多羅三藐三菩提者, 說諸法斷滅. 莫作
是念! 何以故? 發阿耨多羅三藐三菩提心者, 於法不說斷滅相."

제28품
받지도 않고 탐하지도 않는다(不受不貪分)

"수보리야, 어떤 보살이 갠지스강의 모래알만큼 많은 세계에
보석을 가득 채워 보시하고, 또 다른 어떤 사람이 일체법에 자성
(自性)이 없다는 것을 알아 생겨나고 사라짐이 없는 대승(大乘)
의 경지에 도달한다면, 이 사람의 공덕은 앞의 보살보다 훨씬 클
것이다. 왜냐하면 수보리야, 진정한 보살은 복덕을 받지 않기 때
문이다."

수보리가 부처에게 여쭈었다.

"세존이시여, 어찌하여 보살이 복덕을 받지 않습니까?"

"수보리야, 보살은 지은 복덕에 집착하거나 욕심을 내지 않기 때문에 복덕을 받지 않는다고 한 것이다."

"須菩提, 若菩薩以滿恒河沙等世界七寶布施, 若復有人知一切法無我, 得成於忍, 此菩薩勝前菩薩所得功德. 何以故? 須菩提, 以諸菩薩不受福德故."

須菩提白佛言, "世尊, 云何菩薩不受福德?"

"須菩提, 菩薩所作福德, 不應貪著, 是故說不受福德."

제29품
위의가 평안하다(威儀寂靜分)

"수보리야, 어떤 사람이 '여래는 오기도 하고 가기도 하고 앉기도 하고 눕기도 한다'고 한다면, 이 사람은 내가 말한 이치를 이해하지 못한 것이다. 왜냐하면 여래란 온 일도 없고 간 일도 없기 때문이다. 그래서 여래라고 한다."

"須菩提, 若有人言, 如來若來若去, 若坐若臥, 是人不解我所說義. 何以故? 如來者, 無所從來, 亦無所去, 故名如來."

제30품
진리와 형상은 하나다(一合理相分)

"수보리야, 선남자와 선여인이 삼천대천세계를 부수어 티끌로 만든다면 이 티끌들이 많다고 생각하느냐?"

"매우 많습니다, 세존이시여. 왜냐하면 그 티끌이 많다는 것이 실제로 있다면 부처께서 티끌이 많다고 하시지 않을 것이기 때문입니다. 왜냐하면 부처께서 말씀하신 티끌이 많다는 것은 티끌이 많은 것이 아닙니다. 그저 티끌이 많다고 말할 뿐입니다. 세존이시여, 여래께서 말씀하신 삼천대천세계도 실제로 있는 것이 아니라 헛된 것입니다. 그저 삼천대천세계라고 부를 뿐입니다. 왜냐하면 이 세계가 실제로 있는 것이라면 수많은 티끌이 하나로 합쳐진 것에 불과할 것이며, 그것은 독립된 자성을 갖고 있지 않기 때문입니다. 하나로 합쳐진 것이 실제로 있는 것이 아니며, 그저 하나로 합쳐진 것이라고 부를 뿐입니다."

"수보리야, 하나로 합쳐진 것이란 말할 수 없는 것이다. 그러나 평범한 범부들은 그 이치를 모르기 때문에 그 헛된 것에 집착한다."

"須菩提, 若善男子善女人, 以三千大千世界碎爲微塵, 於意云何? 是微塵衆寧爲多不?"

須菩提言, "甚多, 世尊. 何以故? 若是微塵衆實有者, 佛則不說是 微塵衆. 所以者何? 佛說微塵衆, 則非微塵衆, 是名微塵衆. 世尊, 如 來所說三千大千世界, 則非世界, 是名世界. 何以故? 若世界實有者, 則是一合相, 如來說一合相, 則非一合相, 是名一合相."

"須菩提, 一合相者, 則是不可說. 但凡夫之人, 貪著其事."

제31품
지견을 내지 않는다(知見不生分)

"수보리야, 어떤 사람이 '부처가 자아라는 견해, 타인이라는 견해, 중생이라는 견해, 수명이라는 견해를 말했다'고 한다면, 수보리야, 너는 어떻게 생각하느냐? 이 사람은 내 말을 이해하였느냐?"

"세존이시여, 그 사람은 여래의 말씀을 이해하지 못하였습니다. 왜냐하면 세존께서 말씀하신 자아라는 견해, 타인이라는 견해, 중생이라는 견해, 수명이라는 견해는 자아라는 견해, 타인이라는 견해, 중생이라는 견해, 수명이라는 견해가 아니기 때문입니다. 그저 자아라는 견해, 타인이라는 견해, 중생이라는 견해, 수명이라는 견해라고 부를 뿐입니다."

"수보리야, 무상정등정각을 구하려는 마음을 가진 자는 모든 법에 대해 이렇게 알고, 이렇게 보고, 이렇게 믿고 이해해야 하며, 분별심을 갖지 말아야 한다. 수보리야, 법상(法相)이라는 것은 실제로 있는 것이 아니라 헛된 것이다. 그저 법상이라고 부를 뿐이다."

"須菩提, 若人言, 佛說我見人見衆生見壽者見, 須菩提, 於意云何? 是人解我所說義不?"

"不也, 世尊, 是人不解如來所說義. 何以故? 世尊說我見人見衆生見壽者見, 卽非我見人見衆生見壽者見, 是名我見人見衆生見壽者見."

"須菩提, 發阿耨多羅三藐三菩提心者, 於一切法, 應如是知, 如是見, 如是信解, 不生法相. 須菩提, 所言法相者, 如來說卽非法相, 是名法相."

제32품
응화신은 참된 것이 아니다(應化非眞分)

"수보리야, 어떤 사람이 헤아릴 수 없는 세계를 보석으로 가득 채워 보시하고, 또 어떤 선남자와 선여인이 이 경에서 네 구절만 이라도 받아 지녀서 읽고 외우고 남에게 쉽게 설명해 준다면 그가 얻는 복덕이 앞의 사람이 얻는 것보다 훨씬 많다."

"그러면 어떻게 남에게 쉽게 설명해 주어야 하겠느냐? 모든 법에 집착하지 말고 한결같아 흔들리지 않아야 한다. 왜 그럴까?"

"몸이나 생명이나 형체 있는 모든 것은

꿈같고 환상 같고 물거품 같고 그림자 같으며

이슬과 같고 또한 번갯불과 같으니

이렇게 잘 관찰해야 하기 때문이다."

부처께서 이 경을 다 말씀하시자 수보리와 그 자리에 있던 비구, 비구니, 우바새(優婆塞), 우바이(優婆夷), 모든 세상의 하늘, 인간, 아수라가 부처의 말씀을 듣고 다 같이 기뻐하면서 받들어 행하였다.

"須菩提, 若有人以滿無量阿僧祇世界七寶持用布施, 若有善男子善女人發菩薩心者, 持於此經, 乃至四句偈等, 受持讀誦爲人演說, 其福勝彼."

"云何爲人演說? 不取於相, 如如不動. 何以故?"

"一切有爲法,

如夢幻泡影,

如露亦如電,

應作如是觀."

佛說是經已, 長老須菩提及諸比丘比丘尼優婆塞優婆夷, 一切世間

天人阿修羅, 聞佛所說, 皆大歡喜, 信受奉行.